English-Hmong Phrasebook with Useful Wordlist

(for Hmong speakers)

Adapted and translated by Cheu Thao

Center for Applied Linguistics

June 1981

3520 Prospect Street, N.W.
Washington, D.C. 20007

Printed in the U.S.A.

ENGLISH-HMONG PHRASEBOOK

Contents

PHAU TXHAIS KAB LUS ASKIV-HMOOB

Cov Ntsiab Lus

INTRODUCTION

The English phrases in this book are grouped by subject and are selected for their directness, brevity, and relevance to the needs of newly arrived residents of the United States. They are, for the most part, presented in the form of short, two-line dialogues.

The phrases and supplementary vocabulary in the 19 units cover a wide range of situations and serve to introduce new Hmong residents to the daily activities of American life. The two wordlists provide terms which are most frequently needed. In many phrases, the important English words and their Hmong equivalents are underlined. The cassette tapes which accompany this phrasebook are available separately, and provide spoken models of both the English and Hmong phrases.

As with all phrasebooks, this one is not intended as a step-by-step textbook for learning English. It is intended as a handy reference book for immediate use when English phrases or words are needed.

This phrasebook is largely an adaptation of the English-Vietnamese Phrasebook (CAL, 1975) by Nguyen Hy Quang. It is based on needs as experienced by Indochinese families who have been arriving in the United States since 1975. This Hmong edition has been adapted and translated by Cheu Thao. Some of the illustrations were generously provided by Bounsou Sananikone.

LUS XA RAU TUS NYEEM

Nyob hauv phau ntawv Askiv-Hmoob no muaj ntau zaj lus; txhua lo lus nyob hauv txhua zaj lus yooj yim heev thiab zoo rau cov nyuam qhuav tuaj txog Asmeslivkas teb kawm. Tsuas muaj cov kab lus sib tham luv luv ntau nkaus xwb.

Zaj lus thiab cov lus uas nyob hauv zaj 19 yuav qhia rau cov Hmoob nyuam qhuav tuaj txog tshiab kom paub txog Asmeslivkas txoj kab ke ua neej. Ob hom lus txhais (Hmoob-Askiv thiab Askiv-Hmoob) hauv phau ntawv no puav leej yog cov lus uas Asmeslivkas niaj hnub siv. Cov lus uas raug kes kab rau hauv qab yog cov tseem ceeb. Muaj daim kaw-lus nrog phau ntawv no qhia nej nyeem lus Askiv, lus Hmoob thiab.

Phau ntawv no los zoo ib yam li ntau ntau phau; yuav tsis piav tas txhua lo lus Askiv li nej mus kawm hauv tsev kawm ntawv, tiamsis yuav pab tau nej thaum nej tseem tsis tau paub lus Askiv zoo.

Phau ntawv no yog kho thiab txhais tawm ntawm Phau Kab Lus Askiv-Nyab Laj (CAL, 1975) uas yog Nguyen Hy Quang sau los. Txhua zaj lus, txhua kab lus thiab txhua lo lus yog sau raws kev txawj ntse ntawm cov neeg thoj nam Isduscis uas tuaj rau teb chaws no xyoo 1975.

Phau ntawv no yog Cawv Thoj kho thiab txhais. Ib co duab hauv phau ntawv no yog niam Bounsou Sananikone kes.

MAP OF THE UNITED STATES

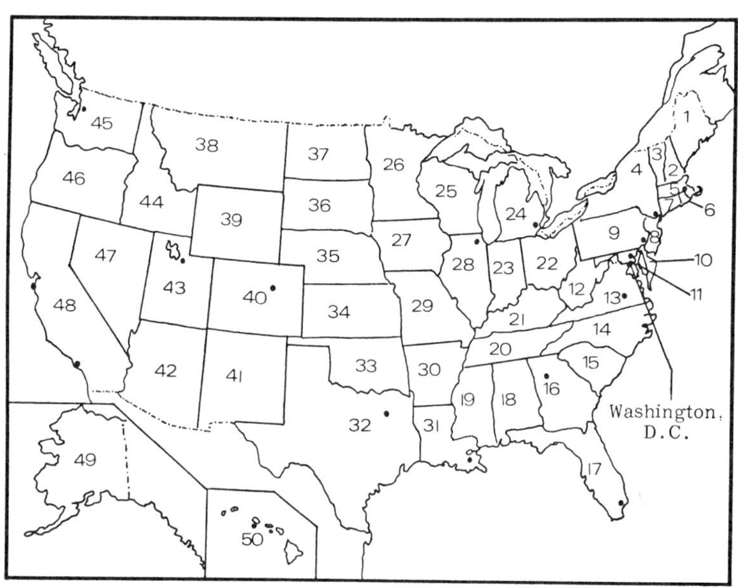

THE 50 STATES

ALABAMA	18	MONTANA	38
ALASKA	49	NEBRASKA	35
ARIZONA	42	NEVADA	47
ARKANSAS	30	NEW HAMPSHIRE	2
CALIFORNIA	48	NEW JERSEY	8
COLORADO	40	NEW MEXICO	41
CONNECTICUT	7	NEW YORK	4
DELAWARE	10	NORTH CAROLINA	14
FLORIDA	17	NORTH DAKOTA	37
GEORGIA	16	OHIO	22
HAWAII	50	OKLAHOMA	33
IDAHO	44	OREGON	46
ILLINOIS	28	PENNSYLVANIA	9
INDIANA	23	RHODE ISLAND	6
IOWA	27	SOUTH CAROLINA	15
KANSAS	34	SOUTH DAKOTA	36
KENTUCKY	21	TENNESSEE	20
LOUISIANA	31	TEXAS	32
MAINE	1	UTAH	43
MARYLAND	11	VERMONT	3
MASSACHUSETTS	5	VIRGINIA	13
MICHIGAN	24	WASHINGTON	45
MINNESOTA	26	WEST VIRGINIA	12
MISSISSIPPI	19	WISCONSIN	25
MISSOURI	29	WYOMING	39

IMPORTANT CITIES

Atlanta, Georgia	16
Baltimore, Maryland	11
Boston, Massachusetts	5
Chicago, Illinois	28
Cleveland, Ohio	22
Dallas, Texas	32
Denver, Colorado	40
Detroit, Michigan	24
Honolulu, Hawaii	50
Los Angeles, California	48
Miami, Florida	17
New Orleans, Louisiana	31
New York, New York	4
Philadelphia, Pennsylvania	9
Richmond, Virginia	13
Salt Lake City, Utah	43
San Francisco, California	48
Seattle, Washington	45

UNIT 1 COPING WITH THE LANGUAGE BARRIER	ZAJ 1 HAIS TXOG KEV HAIS LUS

What is your name? -- My name is Vue.	Koj lub npe hu licas? -- Kuv lub npe hu ua Vws.
(I am sorry) I don't understand.	Thov txim kuv tsis totaub.
I don't speak English (very well).	Kuv hais lus Askiv tsis tau zoo (pes tsawg).
I don't know very much English.	Kuv tsis paub lus Askiv ntau pes tsawg.
Please speak slowly.	Thov hais majmam.
I still don't understand. Please say that again.	Kuv tseem tsis tau totaub. Thov koj rov hais dua.
Do you understand? -- Yes, I understand. -- No, I don't understand.	Koj puas totaub? -- To, kuv totaub. -- Tsis to, kuv tsis totaub.
(Speaker pointing to a fork:)	(Tus neeg hais lus taw rau rab rawg:)
What is this in English? (What so you call this?) -- It is a fork.	Nov lus Askiv hu licas? (Nov koj hu licas?) -- Yog rab rawg.
I don't understand this. Can you help me?	Kuv tsis totaub qhov nov. Thov koj pab kuv puas tau?
I understand some of it.	Kuv totaub tej qhov.
I understand all of it.	Kuv totaub tag nrho.
I don't understand all of it.	Kuv tsis totaub tas nrho.
I can speak French.	Kuv hais lus Fabkis tau.
Do you speak French?	Koj puas paub hais lus Fabkis?
I want to learn more English.	Kuv xav kawm Askiv ntxiv.
Thank you for helping me learn more English.	Ua tsaug koj tau pab kuv kawm ntawv Askiv ntxiv.

Coping with ...

I am studying English at school.	Kuv tseem tab tom kawm ntawv Askiv tom tsev kawm ntawv.
I am studying English at home.	Kuv tseem tab tom kawm ntawv Askiv tom tsev.
I am studying English with an American friend.	Kuv tseem tab tom kawm ntawv Askiv nrog ib tug phooj ywg Asmeslivkas.
(Pointing to a written word:) How do you say this word?	(Taw rau ib lo lus sau:) Lo lus no koj nyeem licas?
What does this word mean?	Lo lus no txhais licas?
What does this sentence mean?	Kab lus no txhais licas?
Does anybody here speak Hmong?	Cov neeg no puas muaj tus hais lus Hmoob?
Is there a Hmong-English dictionary here?	Nyob nov puas muaj phau txhais lus Hmoob-Askiv?
How do you say it?	Lo lus no hais licas?
That is very difficult.	Yam no nyuab heev.
That is easy.	Qhov tom yooj yim heev.
I don't know how to say it in English.	Kuv tsis paub hais lo ntawd ua Askiv.
I am learning more English every day.	Kuv tseem niaj hnub kawm Askiv ntxiv.
Did I say it right?	Kuv hais lo ntawd puas raug?
How do you spell your name?	Hais koj lub npe ib tug ntawv zuj zus licas?
It is V-U-E.	Yog V-U-E.
I have brought friend along to help me with my English.	Kuv tau coj ib tug phoojywg nrog kuv tuaj pab kuv cov Askiv.
This is Blia, a good friend of mine.	Nov yog nplias, kuv ib tug phoojywg zoo.

The alphabet (cov niam ntawv):

A B C D E F G H I J K L M N O P Q R S

T U V W X Y Z

cim siab
cim neeg
cim ntuj
cim kuv
cim mus
cim ua
cim niam

UNIT 2
USEFUL FORMS OF ETIQUETTE

ZAJ 2
LO PUAV LUS SIB THAM

Hello. (or Hi.)	Nyob zoo.
Good morning.	Nyob zoo (siv thaum sawv ntxov).
Good afternoon.	Nyob zoo (siv thaum tav su).
Good evening.	Nyob zoo (siv thaum tsaus ntuj).
Goodbye.	Mus lawm nawb (siv thaum nruab hnub).
Good night.	Mus lawm nawb (siv thaum tsaus ntuj).
How are you? -- I am fine, thank you. And you? -- I am fine, too.	Koj puas noj qab nyob zoo? -- Kuv noj qab nyob zoo, ua tsaug. Koj ne? -- Kuv noj qab nyob zoo ib yam thiab.
Thank you very much. -- You are welcome. -- Don't mention it.	Ua tsaug ntau. -- Tsis ua licas (zoo siab pab). -- Tsis txhob hais txog.
*Thanks.	Ua tsaug.
*Thanks a lot.	Ua tsaug ntau.
Excuse me.	Thov txim.
Pardon me.	Thov txim.
I am sorry.	Thov txim (kuv muaj lus tu siab).
That is very good.	Zoo heev.
Congratulations.	Muaj lus zoo siab ntau.
My name is _______ .	Kuv lub npe hu ua _______ .
This is Mr. _______ .	Nov yog yawg hlob _______ .
This is Mrs. _______ .	Nov yog niam _______ .

Useful Forms ...

This is Miss _______ .	Nov yog tus muam _______ .
I am pleased to meet you.	Kuv zoo siab ntau tau ntsib koj.
Please come in.	Los hauv no.
Please sit down.	Zaum os.
*Good luck.	Thov kom koj/nej tau koob hmoov zoo.
Have a good trip.	Thov kom txhob muaj dabtsi dawm koj tes koj taw.
*Have a good day.	Thov kom koj tau txais koob hmoo tas hnub.
-- Thank you. You, too.	-- Ua tsaug. Koj ib yam.
*So long.	Sib ntsib dua tsis ntev saum no.
*I'll see you later.	Kuv mam ntsib koj ib ntsis.
*Take care.	Nyob zoo nawb.
Thank you. That's very nice of you.	Ua tsaug. Koj yog ib tug neeg zoo heev.
*May I help you?	Kuv yuav pab tau koj dabtsi? (Koj xav tau dabtsi?)

Note:

Phrases marked with an astersik (*) are those you may hear Americans use when they speak to you; to use them correctly yourself, you need to know more English.

Yam yuav tau paub:

Kab lus twg yog muaj lub hnub qub (*) rau tom hauv ntej yog cov lus uas nej yuav hnov Asmeslivkas siv thaum luag nrog nej sib tham; tiamsis nej yuav siv tau kawm lus Askiv ntxiv thiaj yuav siv tau cov lus ntawd kom raug zoo.

UNIT 3
GIVING INFORMATION ABOUT YOURSELF

ZAJ 3
KEV QHIA KOJ RAU LUAG PAUB

My name is Moua Chong Chue.	Kuv lub npe yog Muas Txooj Tswb.
My clan name is Moua. (or, My surname is Moua, or also, My last name is Moua.)	Kuv lub xeem yog Muas.
My given name is Chue. (or, My first name is Chue.)	Kuv lub npe yog Tswb.
My honorary name is Chong.	Kuv lub npe laus yog Txooj.
I only use my honorary name Chong.	Kuv tsuas siv kuv lub npe laus Txooj nkaus xwb.
Single people only use their given names.	Cov tseem tsis tau muaj txiv/poj niam tsuas siv lawv cov npe nkaus xwb.
Moua Chong Chue is how I write my name the Hmong way.	Muas Txooj Tswb yog kuv sau kuv lub npe li Hmoob.
Chong Chue Moua is how I write my name the American way.	Txooj Tswb Muas yog kuv lub npe li Asmeslivkas.
The American way has the honorary name first.	Asmeslivkas hom yuav tsum sau npe laus ua ntej.
The Hmong way has the clan name first.	Hmoob hom yuav tsum sau xeem ua ntej.
Call me Chong. That is the name I go by.	Hu kuv ua Txooj. Ntawd yog lub npe kuv nyiam siv.
(Speaker introducing wife:) This is my wife Yang Lee.	(Tus hais lus taw rau nws poj naim:) Nov yog kuv poj niam Yaj Lis.
(Speaker introducing husband:) This is my husband Moua Chong Chue.	(Tus hais lus taw rau tus txiv:) Nov yog kuv tus txiv Muas Txooj Tswb.
This is my son Souvanh.	Nov yog kuv tus tub Xus Vas.
What is your last name? -- My last name is Moua.	Koj yog xeem tug? -- Kuv yog xeem Muas.

Giving Information ...

What is your first name? -- My first name is Chue.	Koj lub npe hu licas? -- Kuv lub npe hu ua Tswb.
This is my daughter Kao Nou.	Nov yog kuv tus ntxhais Nkauj Hnub.
Excuse me. What is your name?	Thov txim. Koj lub npe hu licas?
How do you spell your name? -- It is C-H-U-E.	Hais koj lub npe ib tug ntawv zuj zus licas? -- Yog C-H-U-E.
How do you say it?	Koj hais licas?
Where are you from? -- I am from Laos.	Koj tuaj qhov twg tuaj? -- Kuv tuaj Los Tsuas teb tuaj.
I am Hmong.	Kuv yog Hmoob.
Where were you born? -- I was born in Xieng Khouang province.	Koj yug nyob qhov twg? -- Kuv yug hauv Xeev Khuam teb.
How do you spell it? -- It is X-I-E-N-G K-H-O-U-A-N-G.	Koj hais Xeev Khuam ib tug ntawv zuj zus licas? -- Yog X-E-E-V K-H-U-A-M.
When were you born? -- I was born in May, 1940.	Koj yug thaum twg? -- Kuv yug thaum lub 5 hlis ntuj 1940.
What is your date of birth?	Koj yug hnub twg?
How many children do you have? -- I have four children.	Koj muaj tsawg tus menyuam? -- Kuv muaj plaub twg menyuam.
Do you have relatives in the U.S.? -- No, I don't have any relatives in the U.S.	Koj puas muaj neeg txheeb ze hauv Asmeslivkas teb no? -- Tsis muaj, kuv tsis muaj ib tub neeg txheeb ze hauv Asmeslivkas teb no li.
I have an American sponsor.	Kuv muaj ib tug niam qhuav txiv qhuav Asmeslivkas.
I don't have a sponsor.	Kuv tsis muaj niam qhuav txiv qhuav.
My daughter married an American citizen.	Kuv tus ntxhais yuav Asmeslivkas.
My daughter has American citizenship.	Kuv tus ntxhais hloov ua Asmeslivkas lawm.
I am being sponsored by a voluntary agency.	Ib lub koom haum txais neeg thoj nam txais kuv tuaj.
The name of the agency is ______ .	Lub npe tsev kab xwm ntawd hu ua ______ .
I have a (green) Immigrant Registration Card.	Kuv muaj daim ntawv pov thawj nyob teb chaws no (daim ntawv ntsuab).
The registration number of my card is ______ .	Kuv tus naj npawb ntawv nkag teb chaws yog ______ .
I do not have a passport.	Kuv tsis muaj daim ntawv hla teb chaws.
All my papers were lost.	Kuv cov ntawv tseem ceeb poob tas lawm.

I finished primary school.	Kuv kawm ntawv tiav theem qis.
I finished secondary school.	Kuv kawm ntawv tiav theem nrab.
I finished college.	Kuv kawm ntawv tiav theem siab.

THE FAMILY (TSEV NEEG)

parents	niam thiab txiv
father	txiv
mother	niam
father-in-law	yawm txiv
mother-in-law	niam tais
grandparents	pog yawg
grandfather	yawg
grandmother	pog
grandchildren	cov xeeb ntxwv
children	menyuam
child	ib tug me-nyuam
son	tus tub
daughter	tus ntxhais
stepson	tus tub tshiab
stepdaughter	tus ntxhais tshiab
son-in-law	tus vauv
daughter-in-law	tus nyab
husband	tus txiv
wife	tus poj niam
brother	kwv tij, nus
brother-in-law	yawm yij; txiv laus; txiv hluas
sister	muam, niam laus, niam hluas
sister-in-law	niam tij, niam ntxawm
older brother	tus tij laug, nus hlob
younger brother	tus kwv, nus yau
older sister	tus niam laus, muam hlob
younger sister	tus niam hluas, muam yau
half brother	kwv tij, nus ib tug niam los ib tug txiv
half sister	niam laus, niam hluas muam ib tug niam los ib tug txiv
relatives	neeg txheeb ze
uncle	yawg, txiv ntxawm, dab laug
aunt	pog, niam ntxawm, niam tais hluas
cousin	npawg
niece	ntxhais xeeb ntxwv
nephew	tub xeeb ntxwv

UNIT 4
RECOGNIZING SIGNS

ZAJ 4
LUS QHIA THIAB CIM

Entrance	Chaw nkag mus
Exit	Chaw tawm
Push	Thawb
Pull	Rub
Danger	Txaus ntshai
Restroom	Chav tawm rooj, chav dej
Ladies <u>or</u> Women	Chav poj niam
Gentlemen <u>or</u> Men	Chav txiv neej
Emergency Exit	Txoj kev tawm ceev
Fire Escape	Txoj kev khiav hluav taws
Fire Alarm	Tswb ceeb toom hluav taws
No Littering	Tsis pub pov toob xib
No Smoking	Tsis pub haus luam yeeb
No Admission	Tsis pub nkag mus
Step Up	Nce ntaiv
Step Down	Nqis ntaiv
Wet Paint	Ua zoo cov pleev tseem ntub
For Sale	Cia muag
For Rent	Cia ntiav
Beware of Dog	Ua zoo dev tom
Hours: 9:00 a.m.-5:00 p.m.	Ua haujlwm thaum 9 teev sawv ntxov rau 5 teev tsaus ntuj

Keep Off the Grass	Txhob tsuj nyom
Hospital	Tsev kho mob
U.S. Mail	Xa ntawv Asmeslivkas
Post Office	Tsev xa ntawv
Bank	Tsev cia nyiaj
Elevator	Ntaiv hluav taws xob
Stairs	Theem ntaiv
Up	Nce mus saud
Down	Nqis lawm hauv
Exact Fare Only	Nqi txaus nkaus xwb
Exact Change Only	Nyiaj txaus nkaus xwb
Delivery in Rear	Chaw faib nyob nram qab
Out of Order	Puas lawm, siv tsis tau lawm
To Lobby	Mus rau hauv chav nkag tuaj
Wet Floor	Ua zoo npoo tsev tseem ntub
North	Sab qaum teb
South	Sab qab teb
East	Sab hnub tuaj
West	Sab hnub poob
Waiting Room	Chav tos
Use Nickels, Dimes, or Quarters	Siv tau npib 5, 10, 25 xee
Change	Nyiaj ntxiv, hloov

UNIT 5 / ZAJ 5
CONVERTING WEIGHTS AND MEASURES / HLOOV KEV NYHAV THIAB KEV NTSUAS

MEASUREMENTS (KEV NTSUAS)

1 inch	1 ntiv xoo
1 foot (12 in.)	1 taws (12 ntiv xoo)
1 yard (3 ft.)	1 dag (3 taws)
1 mile (1760 yd.)	1 mais (1760 taws)

1 millimeter=0.04 inch	1 mislismev=0.04 ntiv xoo
1 centimeter=0.40 inch	1 xastismev=0.40 ntiv xoo
1 meter=3.30 feet	1 mev=3.30 taws
1 kilometer=0.62 mile	1 kislausmev=0.62 mais

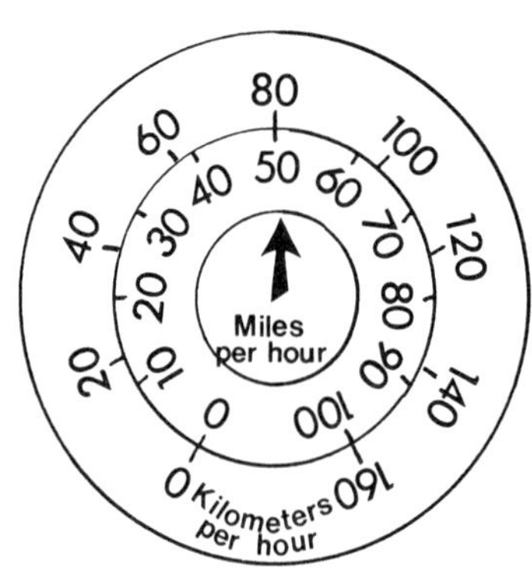

LIQUID MEASURES (KEV YEEM DEJ)

1 teaspoon	Diav kav fes ib dia
1 tablespoon	Diav noj mov ib dia
1 fluid ounce	0.03 lam fwj
1 cup (8 fluid ounces)	0.23 lam fwj (ib khob)
1 pint (2 cups)	0.47 lam fwj (ob khob)
1 quart (2 pints)	0.95 lam fwj (plaub khob)
1 gallon (4 quarts)	3.78 lam fwj (yim khob)
1 liter (1.06 quarts)	1 lam fwj (1.06 khuaj)

TEMPERATURE (KEV NTUAS CUA)

Sov 212 Fasliashais (^{o}F) muaj li sov 100 xias xiv (^{o}C)

122	50
104	40
86	30
68	20
50	10
32	0
14	-10
0	-17.8
-4	-20
-22	-30

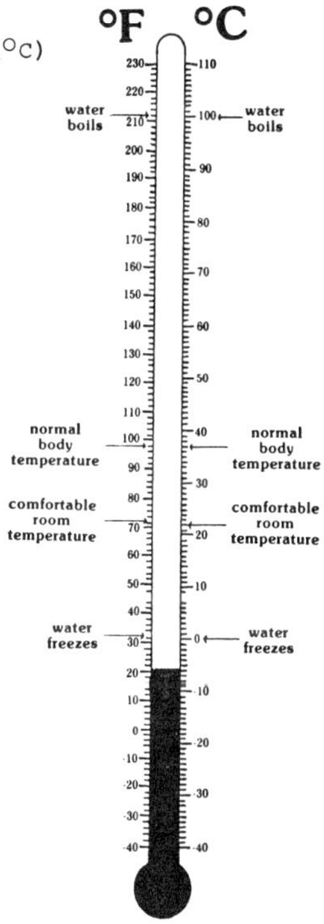

Yuav nrhiav kev sov xias xiv yuav tsum muab
(kev sov Fasliashais - 32) x $\frac{5}{9}$

Yuav nrhiav kev sov Fasliashais yuav tsum muab
($\frac{5}{9}$ x kev sov xias xiv) + 32

Converting ...

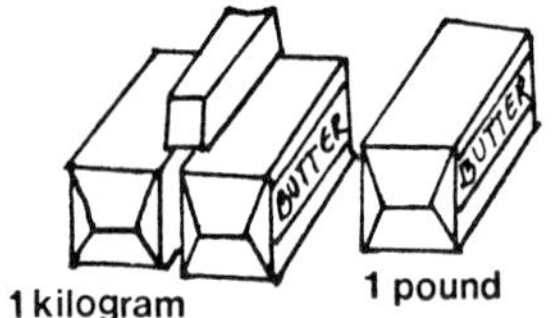

WEIGHTS (KEV LUJ)

1 ounce (oz.)	Ib os
1 pound (16 oz.)	Hnyav 16 os
1 ton (2,000 lbs.)	Hnyav 2,000 phaus

1 gram=0.035 ounce	1 klas muaj 0.035 os
1 kilogram=2.2 pounds	1 kis laus klas muaj 2.2 phaus

UNIT 6
USING NUMBERS

ZAJ 6
KEV SIV LEB

Cardinal Numbers (Suav Leb):

0	zero						
1	one	11	eleven	21	twenty-one	200	two hundred
2	two	12	twelve	22	twenty-two	1,000	one thousand
3	three	13	thirteen	30	thirty	2,000	two thousand
4	four	14	fourteen	40	forty	10,000	ten thousand
5	five	15	fifteen	50	fifty	100,000	one hundred thousand
6	six	16	sixteen	60	sixty		
7	seven	17	seventeen	70	seventy	1,000,000	one million
8	eight	18	eighteen	80	eighty		
9	nine	19	nineteen	90	ninety		
10	ten	20	twenty	100	one hundred		

7 - Xya - Syv norweign
Siete
Seiban

20 - Kaum nees nkaum
twenty (twice ten)

Ordinal Numbers (Leb Thib):

1st	first	20th	twentieth
2nd	second	30th	thirtieth
3rd	third	100th	hundredth
4th	fourth	1000th	thousandth
5th	fifth	1/2	one-half
6th	sixth	1/3	one-third
7th	seventh	2/3	two-thirds
8th	eighth	1/4	one-fourth (<u>or</u> one quarter)
9th	ninth	3/4	three-fourths (<u>or</u> three quarters)
10th	tenth	5/8	five-eighths

Using Numbers ...

What is your phone number? -- My phone number is 643-8709 (six four three, eight seven oh nine).	Koj tus naj npawb xov tooj yog licas? -- Kuv tus naj npawb xov tooj yog 643-8709.
What is the room number? -- The room number is 532 (five thirty-two).	Chav tsev naj npawb pes tsawg? -- Naj npawb chav tsev yog 532.
What is the house number? -- The house number is 1246 (twelve forty-six).	Lub tsev naj npawb pes tsawg? -- Naj npawb tsev yog 1246.
Do you have a Social Security number? -- Yes, I do. My Social Security number is 465-54-9908.	Koj puas muaj naj npawb khaws se laus? -- Muaj. Kuv tus naj npawb khaws se laus yog 465-54-9908.
How many children do you have? -- I have two children.	Koj muaj tsawg tus menyuam? -- Kuv muaj ob tug menyuam.
How much time do you need? -- I need three days.	Koj xav tau sijhawm ntau npaum licas? -- Kuv xav tau peb hnub.
How much money do you have? -- I have twenty dollars.	Koj muaj nyiaj pes tsawg? -- Kuv muaj nees nkaum dauslas.
How much is this? -- It's $2.98 (two ninety-eight).	Nov pes tsawg? -- Yog ob dauslas cuaj caum yim xee.
How much would it cost? -- It would cost about ten dollars.	Nov yuav raug pes tsawg? -- Nov yuav raug li kaum dauslas.
How old are you? -- I am 36 years old.	Koj muaj tsawg xyoo? -- Kuv muaj 36 xyoo.
How tall are you? -- I am five (feet) four (inches).	Koj siab pes tsawg? -- Kuv siab 5 dos nrig nphau thiab ob xib.
How much do you weigh? -- I weigh 135 pounds.	Koj nyhav pes tsawg? -- Kuv nyhav 135 phaus.
How long is this? -- It is 64 inches.	Qhov no ntev pes tsawg? -- Nov ntev 64 nti.
How heavy is it? -- It is about 25 pounds.	Nov nyhav pes tsawg? -- Nyhav li 25 phaus.
How much gas can this hold? -- It can hold two gallons.	Lub no rau tau roj zeb ntsuam hov ntau? -- Lub no rau tau ob nkas loos (7 lam fwv thiab ib nrab).
How much water should I use? -- Use about 3 cups.	Kuv yuav tsum siv dej hov ntau li? -- Siv li peb khob.
What is the temperature today? -- It is about 85 degrees.	Hnub no sov pes tsawg? -- Sov li 85.
Is it very cold outside? -- Yes, it's 24 degrees.	Nraum zoov puas no heev? -- No hos, no txog 24.
Is it very hot outside? -- Yes, it's 96 degrees.	Nraum zoov puas sov heev? -- Sov hos, sov txog 96.

Who wants to be first? -- I want to be first.	Leej twg xav ua ntej? -- Kuv xav yog tus ua ntej.
Is this the first time? -- No, this is the second time.	Zaum no, puas yog thawj zaug? -- Tsis yog, yog zaum ob.
Excuse me. Where is the restroom? -- The third door on the left.	Thov txim. Lub tsev tawm rooj nyob qhov twg? -- Nyob sab laug ntawm theem peb.
What is the date today? -- It is Thursday, the 25th (twenty-fifth).	Hnub no yog hnub pes tsawg? -- Hnub no yog hnub plaub tim 25.
Is this the last one?	Nov puas yog tus tom qab kawg nkaus?
-- Yes, this is the last one.	-- Yog, nov yog tus tom qab kawg nkaus.
-- No, this is the next to last.	-- Tsis yog, yog tus ua ntej tus kawg.
-- No, there are three more/many more.	-- Tsis yog, tseem tshauv peb tus ntxiv/ntau tus ntxiv.

UNIT 7
DEALING WITH MONEY

ZAJ 7
HAIS TXOG NYIAJ TXIAG

Dollar ($) ($1.00)	Dauslas
Half-dollar, fifty cents ($.50; 50¢)	Npib 50 xee
Quarter, twenty-five cents ($.25; 25¢)	Npib 25 xee
Dime, ten cents ($.10; 10¢)	Npib 10 xee
Nickel, five cents ($.05; 5¢)	Npib 5 xee
Penny/cent (¢) ($.01; 1¢)	Npib 1 xee
Do you have any money? -- Yes, I have some. -- No, I don't have any money.	Koj puas muaj me ntsis nyiaj? -- Muaj, kuv muaj me ntsis thiab. -- Tsis muaj, kuv tsis muaj nyiaj li.
How much money do you have? -- I have 10 dollars. -- I don't have enough money.	Koj muaj nyiaj pes tsawg? -- Kuv muaj 10 dauslas. -- Kus tsis muaj nyiaj txaus.
Do you have change for a dollar?	Koj puas muaj nyiaj pauv ib dauslas?
Do you have change for a quarter?	Koj puas muaj nyiaj pauv lub npib 25 xee.
Do you have change for a one/ a five?	Koj puas muaj nyiaj pauv daim ib/ tsib dauslas?
How much do I owe you? -- You owe me three dollars and twenty-five cents.	Kuv tshuav koj nqi pes tsawg? -- Koj tshuaj kuv nqi peb dauslas thiab nees nkaum tsib xee.
How much would it cost? -- It would cost a lot of money.	Nov yuav raug nyiaj pes tsawg? -- Nov yuav raug nyiaj ntau heev.
You gave me a dime too much.	Koj tau muab tshaj ib lub npib kaum xee rau kuv.
I'm afraid you made a mistake.	Kuv ntshai koj xam yuam kev lawm.

How much is this? -- It's $1.95 (one ninety-five) plus tax. -- It's $1.95 including tax.	Nov yog pes tsawg? -- Nov yog ib dauslas cuaj caum tsib xee tsis xam se. -- Nov yog ib dauslas cuaj caum tsib xee xam se huv si.
Does this include tax?	Tus nqi puas ntxuag se?
Will you take a check?	Koj puas txais tshev?
Here is my identification?	Nov yog kuv daim ntawv pov thawj nrog cev.
(At the post office:) I would like to buy a money order, please.	(Nyob tom lub tsev xa ntawv:) Kuv xav muas daim ntawv nyiaj, puas tau ne.
(At the bank:) I would like to open a checking account.	(Nyob hauv tsev cia nyiaj:) Kuv xa qhib ib qho chaw tso nyiaj sau tshev.
I would like to open a savings account.	Kuv xa qhib ib qho chaw tseg nyiaj.
I would like to deposit some money in my savings account.	Kuv xav tso me ntsis nyiaj rau hauv kuv tus naj npawb tseg nyiaj.
I would like to withdraw some money.	Kuv xav rho me ntsis nyiaj tawm.
I would like to cash this check, please. I have an account here.	Kuv xav pauv daim tshev no. Kuv muaj npe tso nyiaj nyob hauv no.
Here is my name and my account number.	Nov yog kuv lub npe thiab kuv naj npawb tso nyiaj.

UNIT 8
DEALING WITH TIME

ZAJ 8
HAIS TXOG SIJHAWM

What time is it? (or, Do you have the time?)
-- It is 9:15 (nine fifteen).
-- It is ten minutes to five (4:50).
-- It is half past three (3:30).
-- It is a quarter to seven/six forty-five (6:45).

What is the date today? (or, What day of the month is this?)
-- It is Thursday, the 18th (eighteenth).

What day of the week is this?
-- It is Wednesday.

What time do you open this morning?

What time do you close?

Are you open on Saturdays and Sundays?

We are early.

We are late.

When did you arrive in the United States?
-- I arrived in the United States in April, 1975.

-- I arrived in the United States recently.

What day/date did you arrive in the United States?
-- I arrived on April 21st.

How long have you been in the U.S.?
-- I have been in the U.S. 6 months.

Tsawg teev lawm? (los, Koj lub teev muaj tsawg teev lawm?)
-- Yog cuaj teev mus kaum tsib feeb.
-- Yog tsib teev tshuav kaum feeb.
-- Yog peb teev mus peb caug feeb.
-- Yog xya teev tshuav kaum tsib feeb.

Hnub no hli xiab licas lawm?

-- Yog hnub plaub, xiab kaum yim.

Hnub no yog hnub pes tsawg?
-- Yog hnub peb.

Tag kis no, koj qhib thaum tsawg teev?

Koj kaw thaum tsawg teev?

Koj puas qhib hnub rau thiab hnub xya?

Peb tuaj txog ntxov.

Peb tuaj txog qeeb.

Koj tuaj txog hauv Asmeslivkas teb no thaum twg?
-- Kuv tuaj txog hauv Asmeslivkas teb no lub plaub hlis ntuj xyoo 1975.
-- Kuv nyuam qhuav tuaj txog hauv Asmeslivkas teb tsis ntev no.

Koj tuaj txog hauv Asmeslivkas teb hnub twg/hnub pes tsawg?
-- Kuv tuaj txog lub plaub hlis ntuj hnub tim 21.

Koj nyob hauv Asmeslivkas teb tau hov ntev lawm?
-- Kuv nyob hauv Asmeslivkas teb tau 6 hli lawm.

Have you been here very long?	Koj nyob hauv nov ntev heev lawm vob?
-- I have been here only a short time.	-- Kuv nyuam qhuav tuaj nyob hauv nov tau tsis ntev.
He's been in the U.S. a long time.	Nws tuaj nyob hauv nov tau ntev lawm.
Will it take a long time?	Nov puas yuav siv sijhawm ntev?
How long will it take?	Nov yuav siv sijhawm hov ntev?
-- It will take three days.	-- Nov yuav siv peb hnub.
-- It will take a lot of time.	-- Nov yuav siv sijhawm ntau heev.
What time do I have to be there?	Kuv yuav tsum mus txog tod thaum tsawg teev?
-- At three o'clock.	-- Thaum peb teev.
When will it be ready?	Thaum twg qhov nov mam tiav?
-- It will be ready Friday.	-- Qhov nov yuav tiav hnub tsib.
What time will the bus be here?	Lub tsheb ntiav loj yuav los txog nov thaum tsawg teev?
-- It will be here in about 10 minutes.	-- Lub tsheb ntiav loj yuav los txog nov li kaum feeb tom ntej no.

Useful Terms (Cov Lus Zoo Siv):

day	nruab hnub
night	hmo ntuj
morning	sawv ntxov
noon	tav su
afternoon	hnub qaij
evening	tsaus ntuj
hour	teev (moos)
minute	feeb
second*	60 zaus ntawm 1 feeb (vib nasthis)
week	nyoog
month	hli
year	xyoo
today	hnub no
tomorrow	tag kis
yesterday	nag hmo
next week*	xya hnub ntxiv
last week	xya hnub dhau los
next month	lwm lub hlis
last month	lub hlis dhau los
next year	lwm xyoo
last year	xyoo dhau los
Sunday	hnub xya
Monday	hnub ib
Tuesday	hnub ob
Wednesday	hnub peb
Thursday	hnub plaub
Friday	hnub tsib
Saturday	hnub rau
January	ib hlis ntuj
February	ob hlis ntuj
March	peb hlis ntuj
April	plaub hlis ntuj
May	tsib hlis ntuj
June	rau hli ntuj

Yam yuav tau paub txog:

Yog hais txog hli thiab xyoo, yuav tsum siv "in" thaum hais txog hnub los xya hnub, yuav tsum siv "on" thaum hais txog sijhawm, siv "at" tej zaum luag yuav siv "in" thaum hais txog sijhawm thiab xws li "in three days."

Dealing with ...

July	xya hli ntuj	October	kaum hli ntuj
August	yim hli ntuj	November	kaum ib hlis ntuj
September	cuaj hli ntuj	December	kaum ob hlis ntuj

UNIT 9
LOCATING THINGS

ZAJ 9
HAIS TXOG CHAW UB NO

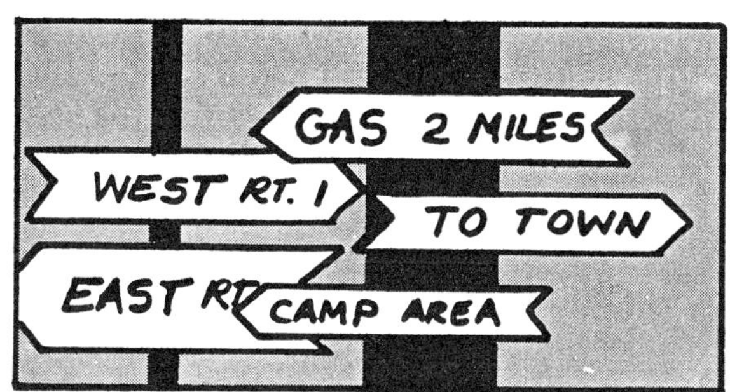

Where is it?	Nyob qhov twg?
-- It is here/there.	-- Nyob nov/tod.
-- It is inside/outside.	-- Nyob sab hauv/sab nraud.
-- It is in here/out there.	-- Nyob hauv nov/nraud.
-- It is out here/in there.	-- Nyob sab nraum no/sab hauv tod.
-- It is up here/down there.	-- Nyob saum no/hauv qab tod.
-- It is down here/up there.	-- Nyob hauv qab no/saud tod.
I don't know where it is.	Kuv tsis paub xyov nws nyob qhov twg.
Can you show me where it is?	Koj pab taw rau kuv saib nyob qhov twg puas tau?
Could you tell me where this place is?	Koj pab qhia rau kuv saib thaj chaw no nyob qhov twg puas tau?
(At a public place:)	(Nyob tom cov chaw uas sawv daws mus tau:)
Excuse me. Where is the restroom?	Thov txim. Tsev tawm rooj nyob qhov twg?
-- It is over there, on the left/right.	-- Nyob puag tod, ntawm phab laug/phab xis.
-- It is this way. Follow me.	-- Nyob tom no. Raws kuv qab.
-- Come with me. I will show you where it is.	-- Nrog kuv mus. Kuv mam taw rau koj tias nyob qhov twg.
(In a private home:)	(Nyob hauv luag tsev:)
Excuse me. Where is the bathroom?	Thov txim. Chav dej nyob qhov twg?
-- It is upstairs/downstairs.	-- Nyob theem saum toj/theem hauv qab.
-- It is this way. The second door on the right/left.	-- Nyob tom no. Lub qhov rooj ob ntawm sab xis/laug.
Would you like me to show you where it is?	Koj puas xav kom kuv coj koj mus taw saib nyob qhov twg?
-- Yes, please.	-- Xav, thov thiab saib.
Would you like me to take you there?	Koj puas xav kom kuv coj koj mus tod?
Where do you live?	Koj nyob qhov twg?
-- I live in Springfield, Virginia.	-- Kuv nyob hauv Springfield, Virginia.

Locating Things ...

Where are you from? -- I am from Laos. -- I am from California.	Koj tuaj qhov twg tuaj? -- Kuv tuaj Los Tsuas teb tuaj. -- Kuv tuaj California tuaj.
Where were you born? -- I was born in Vientiane, Laos.	Koj yug nyob qhov twg? -- Kuv yug hauv Vees cam, Los Tsuas teb.
(At the supermarket:) Excuse me. Where can I find some rice? -- Rice is in Aisle 6.	(Nyob hauv lub khw loj:) Thov txim. Kuv xav muas me ntsis txhuv, muaj nyob qhov twg ne? -- Txhuv nyob hauv kem 6.
Excuse me. Is there any public telephone around here?	Thov txim. Puas muaj xov tooj tso npib nyob ncig ib cheeb tsam nov?
Where can I get something to eat/drink?	Puas muaj chaw muag zaub mov/dej nyob qhov twg?
Can you buy it in a department store/drugstore?	Koj muas qhov nov puas tau nyob hauv lub tsev muag khoom loj/tsev muag tshuaj?
What is the address? -- The address is 4621 (forty-six twenty-one) Jefferson Street.	Chaw nyob yog licas? -- Chaw nyob yog 4621 ntawm txoj kev Jefferson.
Where is this place located? -- It is on the corner of 18th and Franklin. -- It is on Wilson Boulevard, between Barclay Street and Camden Street. -- It is across the street from the post office.	Qhov chaw no nyob rau qhov twg? -- Qhov chaw no nyob rau ntawm ces kawm txoj kev 18 thiab Franklin. -- Qhov chaw no nyob rau ntawm txoj kev loj Wilson, hauv nruab nrab txoj kev Barclay thiab Camden. -- Qhov chaw no nyob hla txoj kev ntawm lub tsev xa ntawv.
Did you see Mr. Martin anywhere?	Koj puas pom yawg hlob Martin nyob qhov twg?
Where did you put the can opener? -- I put it in that drawer. -- I put it on the kitchen counter. -- I put it right here. -- I don't remember where I put it.	Koj muab tus hlau tho kos poom cia rau qhov twg? -- Kuv muab cia hauv lub qab rooj. -- Kuv muab cia rau saum lub txee hauv tsev mov. -- Kuv muab cia rau ntawm no. -- Kuv tsis nco xyov kuv muab cia rau qhov twg lawm.
Where do I sign? -- Sign right here, on this line.	Kuv yuav sau yuas rau qhov twg? -- Sau yuas rau ntawm no, saum txoj qaum kab no.
(Before sitting down to dinner:) Where should I sit? -- You sit between Jim and Nancy.	(Ua ntej yuav zaum noj mov:) Cia kuv zaum qhov twg? -- Koj zaum hauv nruab nrab Jim thiab Nancy.
(Getting into a car:) Where should I sit? -- Please sit in front. -- Please sit in the back.	(Ua ntej yuav nkag zaum hauv tsheb:) Cia kuv zaum qhov twg? -- Zaum pem hauv ntej. -- Zaum nram qab.
Where did you find it? -- I found it behind the door. -- I found it among my clothes. -- I found it in the street.	Koj nrhiav tau qhov nrov nyob qhov twg? -- Kuv nrhiav tau nraum qhov rooj. -- Kuv nrhiav tau hauv kuv cov khaub ncaws. -- Kuv nrhiav tau hauv kev.

Where do I put this?

Kuv yuav muab qhov nov cia qhov twg?

-- Put it on the bed.
-- Put it under the bed.

-- Muab cia rau saum txaj.
-- Muab cia hauv qab txag.

Which way is north/south/east/west?
-- North/south/east/west is this way.

Qaum teb/qab teb/hnub tuaj/hnub poob yog sab twg?
-- Qaum teb/qab teb/hnub tuaj/hnub poob yog sab no.

How are you listed in the phone book?
-- I am listed under Lue Yang.
-- I am listed under Kramer, Robert N.

Koj lub npe hauv phau ntawv xov tooj yog sau licas?
-- Kuv lub npe sau tias Lwm Yaj.
-- Kuv lub npe sau tias Kramer, Robert N.

Where should I look?
-- Look in the Yellow Pages.

-- Look in the directory.

Kuv yuav nrhiav tau qhov twg?
-- Nrhiav hauv phau ntawv xov tooj daj.
-- Nrhiav hauv phau muaj npe (phau dawb).

Yam yuav tau paub txog:

Yellow Pages (phau ntawv xov tooj daj) yog ib phau ntawv uas lub tsev xov tooj ua tawm rau sawv daws txhua xyoo. Nyob hauv phau ntaw no muaj chaw nyob thiab naj npawb xov tooj txhua lub tsev muag khoom, tsev haujlwm, tsev kawm ntawv ntiav, tsev kho dej, kho ub no thiab ntau hom tsev ua ub no uas nyob hauv thaj chaw ntawm nej.

UNIT 10 DESCRIBING THINGS AND PEOPLE	ZAJ 10 HAIS TXOG KHOOM THIAB NEEG

How do you like it here? -- I like it very much. -- It is very nice. -- I am not used to the cold/the weather/the traffic yet.	Koj nyiam qhov no licas? -- Kuv nyiam qhov nov heev. -- Qhov nov zoo heev. -- Kuv tseem tsis tau swm cov huab cua/cua txias/thiab tej kev.
How long have you been in the U.S.?	Koj nyob hauv Asmeslivkas teb no tau hov ntev lawm?
-- I have been here six months.	-- Kuv nyob hauv no tau rau hli lawm.
-- I left Laos in May.	-- Kuv tau ncaim Los Tsuas teb lub tsib hlis ntuj.
How old are you? -- I am 36 years old. -- I am almost 21. -- I was 18 last week.	Koj muaj tsawg xyoo lawm? -- Kuv muaj 36 xyoos. -- Kuv yuav luag muaj 21 xyoos. -- Kuv muaj 18 xyoos thiab xya hnub.
Are you hungry/thirsty? -- Yes, I am. -- No, I am not.	Koj puas tshaib plab/nqhis dej? -- Tshiab, tshaib hos/nqhis hoS. -- Wb, tsis tshaib/tsis nqhis.
Are you busy/free/in a hurry?	Koj puas muaj haujlwm ntau/puas khoom/puas maj?
-- Yes, I am.	-- Muaj, kuv muaj haujlwm ntau/tsis khoom/tsis maj.
-- No, I am not.	-- Wb, kuv tsis muaj haujlwm ntau/tsis khoom/tsis maj.
Are you ready yet? -- Yes, I am. -- No, I am not.	Koj puas tau tiav? -- Tiav, kuv tiav lawm. -- Wb, kuv tsis tau tiav.
How do you feel? -- I feel fine. -- I don't feel very well. -- So so.	Koj nyob licas xwb? -- Kuv noj qab nyob zoo. -- Kuv tsis xis nyob pes tsawg. -- Tsis mob, tsis ua licas.

(Tasting an American dish for the first time:)
How do you like it?
-- It is very good.
-- This is a new taste for me.
-- I will have to learn to like it.
-- I really don't know yet.
-- I'm sorry, I don't think I like it.

(Saj zaub mov Asmeslivkas thawj zaug:)
Koj puas xis hom zaub no?
-- Qab kawg.
-- Cov nov kuv nyuam qhuav tau saj.
-- Kuv yuav tau xyaum nov kom nyiam.
-- Kuv tseem tsis tau paub.
-- Thov txim, ntshai kuv yuav tsis nyiam cov zaub no.

(Describing Laotian food:)
What does it taste like?
-- It is salty/sweet/spicy/sour.
-- It tastes almost like _______ .

(Hais txog zaub Nplog:)
Cov zaub no qab licas?
-- Daw ntsev/qab zib/ntsim txob/ qaub.
-- Cov nov yuav luag qab zoo li _______ .

How fast can you type?
-- I can type 60 words a minute.
-- Not very fast. Only about 40 words a minute.

Koj ntaus ntawv tau hov ceev?
-- Kuv ntaus 1 feeb tau 60 lo lus.
-- Tsis ceev pes tsawg. Ib feeb tau li ntawm 40 lo lus xwb.

(At the barber shop:)
How do you like your hair cut?
-- I want it short/medium/long/ very long/over the collar.

(Nyob tom tsev txiav plaub hau:)
Koj nyiam kom txiav koj cov plaub hau licas?
-- Kuv nyiam kom luv/luv ib nrab/ ntev/ntev heev/npog caj dab tshos.

What kind of car are you planning to buy?
-- I am planning to buy a small car/a large car/a station wagon/ a pickup truck.

Koj xav tau cia tias yuav muas hom tsheb dab tsi?
-- Kuv xav tau cia tias yuav muas ib lub tsheb me/tsheb loj/tsheb dav plaub fab/tsheb qhov quav cuas luam.

Are you planning to buy a new car or a used one?
-- I am planning to buy a used/ new one.

Koj puas xav tau cia hais tias yuav muas ib lub tsheb tshiab los qub?
-- Kuv xav tau cia tias yuav muas ib lub tsheb qub/tshiab.

What kind of apartment are you looking for?
-- I am looking for a one-bedroom/ two-bedroom apartment.
-- I am looking for an efficiency/ studio apartment.

Koj tseem tab tom nrhiav hom tsev kem zoo licas?
-- Kuv tseem tab tom nrhiav cov tsev kem ib chav/ob chav.
-- Kuv tseem tab tom nrhiav ib lub tsev kem rau cov tsis tau muaj txiv los poj niam.

(About a new friend:)
What is he like?
-- He is very nice.
-- He has a good personality.
-- He is very funny.
-- He is a lot of fun.
-- I can't tell. He is very quiet.

(Hais txog tus phooj ywg tshiab:)
Nws yog hom neeg zoo licas?
-- Nws yog hom neeg zoo heev.
-- Nws yog hom neeg zoo tau txaus nyiam.
-- Nws yog hom neeg nyiam tso dag.
-- Nws yog hom neeg nyiam kev lom zem heev.
-- Kuv tsis paub yuav hais licas. Nws yog hom neeg tsis tshua hais lus.

What does he look like?
-- He is short/tall.
-- He has black/brown/blond hair.
-- He is slim/heavy set.
-- He has a beard/mustache.

Nws lub cev zoo licas?
-- Nws nqis/siab.
-- Nws cov plaub hau dub/daj dub nyos/dav li kub.
-- Nws tsis muaj nqaij (yuag)/ muaj nqaij (rog).
-- Nws muaj plaub paig txig/ plaub fwj txwv.

Describing Things ...

-- He is dark-skinned/light-skinned.

Nws yog hom neeg tawv ntxhib/tawv mos.

Is he old or young?
-- He is old/young.
-- He is about 30 or 35.
-- I really don't know.

Nws laus los hluas?
-- Nws laus/hluas.
-- Nws muaj li 30 rau 35 xyoos.
-- Kuv tsis paub li.

What is the matter with him?
-- He is upset about something.

-- He is sick.
-- He is worried about his family.

Nws ua licas?
-- Nws tsis txaus siab rau tej yam dabtsi.
-- Nws tsis xis nyob.
-- Nws txhawj nws tsev neeg.

How long do I have to wait?
-- You will have to wait about 15 minutes/two weeks.
-- It won't be long.
-- Only a few minutes.

Kuv yuav tau tos hov ntev li?
-- Koj yuav tau tos li 15 feeb/14 hnub.
-- Yuav tsis ntev.
-- Ib pliag ntxiv nkaus xwb.

How good is his English?

-- It is very good.
-- It is fair.
-- It is not very good.

Nws hais lus Askiv tau zoo npaum licas?
-- Zoo heev.
-- Zoo txaus.
-- Tsis zoo pes tsawg.

How do you like your coffee?

-- I like it black/with cream/with sugar/with cream and sugar.

Koj nyiam haus kav fes zoo licas?
-- Kuv nyiam kav fes dub/ntxuag kua mis/ntxuag piam thaj/ntxuag kua mis thiab piam thaj.

(Talking about a lost suitcase:)

How big was it?
-- It was this big.

(Hais txog lub thawv nqa ntawm tes ploj:)
Lub thawv ntawd loj npaum licas?
-- Lub thawv ntawd loj li no.

What color was it?
-- It was blue.

Lub thawv ntawd cov kob zoo licas?
-- Lub thawv ntawd xiav.

How far is it from here?
-- It is three blocks from here.

-- It is a 10-minute walk from here.
-- It is nearby/not far.
-- It is a long way from here.

Nyob hov deb ntawm no?
-- Nyob deb ntawm no peb leej tsev.
-- Nyob deb ntawm no 10 feeb mus taw.
-- Nyob ze nov/tsis deb ntawm no.
-- Nyob deb ntawm no.

(Trying on a coat:)
How is it?
-- It is too large/small.
-- It fits me perfectly.
-- I don't like the style.
-- It doesn't look good on me.

(Sim tsho loj:)
Zoo licas?
-- Loj hwv/me hwv.
-- Tab tom haum nkaus kuv.
-- Kuv tsis nyiam hom tsho no.
-- Lub tsho no tsis phim kuv.

(About the quality of a watch:)

Is this a good one?
-- Yes, it is a very good one.
-- It is not the best.

-- It is a cheap model.
-- It is cheap, but runs well.

(Hais txog kev zoo ntawm lub teev coj:)
Lub no puas yog hom zoo?
-- Yog, lub no yog hom zoo heev.
-- Lub no tsis yog hom zoo tshaj plaws.
-- Lub no yog hom pheej yig.
-- Lub no yog hom pheej yig tiam sis khiav zoo.

(Referring to an object:)
Is it expensive?
-- Yes, it is very expensive.
-- No, it is not very expensive. It's cheap.

(Hais txog lwm yam khoom:)
Qhov nov puas kim heev?
-- Kim, qhov nov kim heev.
-- Wb, lub no tsis kim pes tsawg. Qhov nov pheej yig.

How is the weather? -- It is hot/cold/windy/raining/ snowing.	Huab cua zoo licas? -- Sov/no/muaj cua/los nag/los te.
(Referring to a machine:) What is wrong with it? -- It doesn't work. -- Something is wrong with it. -- It needs to be fixed.	(Hais txog lub tshuab:) Lub tshuab no puas licas? -- Tsis ua haujlwm. -- Yuav tsum muaj tej qhov puas. -- Lub tshuab no yuav tau kho.
(Talking about a sick friend:) How is he? -- He is still sick. -- He is a little/much better. -- He is alright now.	(Hais txog ib tug phooj ywg mob:) Nws zoo licas lawm? -- Nws tseem mob. -- Nws zoo me ntsis/ntau lawm. -- Tamsim no nws zoo lawm.
Is it alright to sit here/to use this? -- It is alright. -- Don't.	Thov zaum/siv qhov nov puas tau? -- Tau kawg. -- Tsis tau.

SOME COMMON DESCRIPTIONS (TEJ COV LUS YUAV TAU SIV)

bad	phem	long	ntev
beautiful	zoo nkuaj	low, short	qis, luv
cheap	pheej yig	narrow	nqaim
clean	huv, du	near	ze
cold	txias	new	tshiab
deep	tob	old	laus, qub
dirty	lo phem	shallow	ntiav
dry	qhuav	short	luv
easy	yooj yim	slow	qeeb
expensive	kim	small	me
far	dob	soft	moo
fast	ceev	strong	muaj zog
good	zoo	thick	tuab
hard	nyuab, tawv	thin	nyias
heavy	hnyav	ugly	phem
high, tall	siab	weak	tsis muaj zog
hot	kub	wet	ntub dej
large	dav	wide	dav
light	sib	young	hluas

SOME COLORS (HOM PUAV KOB)

black	dub	gray	txho
blue	xiav	green	ntsuab
brown	liab daj	pink	liab dawb muag

Describing Things ...

purple	paj yeeb	white	dawb
red	liab	yellow	daj

SOME COMMON DESCRIPTIONS OF A PERSON (TEJ LO LUS HAIS TXOG TUS TIB NEEG)

afraid	ntshai
angry	chim, npau taws
broke	tawg, puas
careful	paub ceev fav
careless	phlom moj
cheerful	muaj lus zoo siab
cold	no
dead	tuag
dishonest	tsis ncaj
dumb	ruam
fair	ib nrab
fat	rog
frank	hais ncaj ncee
generous	siab dawb
glad	zoo siab
happy	zoo siab
hard-working	nquag
honest	ncaj
hot	kub
hungry	tshaib plab
hurt	mob
impatient	siab luv
impolite	tsis paub cai
intelligent	ntse
kind	siab zoo
lazy	tub nkeg

lucky	muaj hmoo
mean	txhais hais tias
nice	siab zoo
patient	siab ntev
pleasant	nyiam lom zem
polite	paub cai
poor	pluag
sad	chim, tu siab
selfish	xav noj/tau ib leeg
short	qis
shy	txaj muag
sick	tsis xis nyob, mob
sincere	ua tiag (zoo)
sleepy	tsaug zog
smart	ntse
stupid	ruam
tall	siab
thin	nyias
thirsty	nqhis dej
tired	nkees
unpleasant	tsis nyiam lom zem
upset	tus siab
wealthy	nplua nuj
well	noj qab nyob zoo
worried	txhawj

UNIT 11
DOING THINGS

ZAJ 11
HAIS TXOG KEV UA UB NO

Do you work here?
-- Yes, I work here.

Koj puas ua haujlwn qhov nov?
-- Ua, kuv ua haujlwm qhov nov.

Did you work here?

-- Yes, I worked here.

Koj puas tau ua haujlwm ntawm no los dua?
-- Tau, kuv tau ua haujlwm ntawm no dua los.

Do you eat here?
-- Yes, I eat here.

Koj puas tau noj mov ntawm no?
-- Tau, kuv tau noj mov ntawm no.

Did you eat here?

-- Yes, I ate here.

Koj puas tau noj mov ntawm no los dua?
-- Tau, kuv tau noj mov ntawm no los dua.

Do you sleep here?
-- Yes, I sleep here.

Koj puas pw ntawm no?
-- Pw, kuv pw ntawm no.

Did you sleep here?
-- Yes, I slept here.

Koj puas tau pw ntawm no los dua?
-- Tau, kuv tau pw ntawm no los dua.

What did he want?
-- He wanted to see you.

Nws xav tau dabtsi?
-- Nws xav ntsib koj.

When did they tell you?
-- They told me yesterday.

Thaum twg lawv tau hais rau koj?
-- Lawv/nkawd tau hais rau kuv nag hmo.

What did he say?
-- He said, "O.K."
-- He said, "No."
-- He did not say anything.

Nws tau hais licas?
-- Nws tau hais tias "O.K."
-- Nws tau hais tias "Tsis tau."
-- Nws tsis tau hais dabtsi.

Where did Bill go?
-- He went to eat.

Bill mus qhov twg lawm?
-- Nws mus noj mov lawm.

Yam yuav tau paub:

Ntawm tej lo lus nej yuav pom muaj "ED" nyob tom qab. Cov lus no yuav qhia rau nej paub tias hais txog tej yam dhau los lawm xws li (work hloov ua worked). Muaj cov lus ua hloov mus rau lub caij dhau yuav hloov ua lwm lo lus lawm xws li "EAT" hloov ua "ATE" los "SLEEP" hloov ua "SLEPT."

Doing Things ...

Did you like it?
-- I liked it very much.

Koj puas nyiam qhov nov?
-- Kuv nyiam qhov no heev.

Did she come here alone?
-- No, she came with a friend.

Nws (tus poj niam) tuaj ntawm no ib leeg xws, puas yog?
-- Tsis yog, nws nrog ib tug phooj ywg tuaj.

What did she give you?
-- She gave me a present.

Nws tau muab dabtsi rau koj?
-- Nws tau muab khoom saib dab muag rau kuv.

Did you finish it yet?
-- Yes, I finished it a long time ago.
-- I just finished it.
-- I did not finish it yet.

Koj ua tiav lawm los tsis tau?
-- Tiav lawm, kuv twb ua tiav ntev lawm.
-- Kuv nyuam qhuav ua tiav.
-- Kuv tseem ua tsis tau tiav.

Where did you find this?
-- I found it right here.

Kuv nrhiav qhov nov tau qhov twg?
-- Kuv nrhiav tau ntawm no.

Did your watch stop?
-- Yes, it stopped.
-- No, it is still working.

Koj lub teev tsis khiav lawm puas yog?
-- Yog, tsis khiav lawm.
-- Tsis yog, tseem ua haujlwm.

Did you take the pencil from here?
-- No, John took it.

Koj puas tau muab tus cwj mem qhuav ntawm no?
-- Tsis tau, John muab lawm.

How much time did it take?
-- It took nearly two hours.

Nov tau siv sijhawm hov ntev?
-- Tau siv li ntawm ob teev.

Who did you stay with last week?
-- I stayed with a friend.

Koj tau nrog tus twg nyob xya hnub dhau los?
-- Kuv tau nrog ib tug phooj ywg nyob.

When did you hear about that?
-- I heard about it yesterday.

Koj tau hnov qhov ntawd thaum twg?
-- Kuv tau hnov qhov ntawd nag hmo.

Did Bee love Shoua?
-- Yes, he loved her very much.
-- No, he did not love her.

Npis (tus txiv neeg) puas hlub Sua?
-- Hlub, Npis hlub Sua heev.
-- Tsis hlub, Npis tsis hlub Sua.

Did you do this?
-- No, Steve Larson did that.

Koj puas tau ua qhov no?
-- Tsis tau, Steve Larson tau ua qhov ntawd.

How long did you live there?
-- I lived there for three years.

Koj tau nyob qhov ntawd hov ntev lawm?
-- Kuv nyob ntawd tau peb xyoos.

Where did you buy this?
-- I bought it in Laos.

Koj muas yam no qhov twg?
-- Kuv muas yam no tim Los Tsuas teb.

Who did you sell it to?
-- I sold it to Bob Casey.

Koj tau muag yam no rau tus twg?
-- Kuv tau muag rau Bob Casey.

Why did you return it?
-- I returned it because it was broken.

Ua cas koj xa qhov no rov qab tuaj?
-- Kuv xa rov tuaj vimtias puas lawm.

When did it begin?
-- It began two weeks ago.
-- It just began.
-- It began on July 12th (July twelfth).
-- I do not know when it began.

Qhov nov tau pib thaum twg los?
-- Tau pib muaj 14 hnub los lawm.
-- Qhov nov nyuam qhuav pib xwb.
-- Qhov nov tau pib thaum lub xya hli ntuj hnub tim 12 los.
-- Kuv tsis paub xyov qhov nov tau pib thaum twg los.

When did it end?
-- It ended two weeks ago.
-- It just ended.
-- It ended on April 20th (April twentieth).
-- I do not know when it ended.

Qhov nov tau tsum thaum twg?
-- Tau tsum muaj 14 hnub los.
-- Nyuam qhuav tsum no xwb.
-- Tau tsum thaum lub 4 hlis ntuj hnub tim 20.
-- Kuv tsis paub xyov qhov nov tau tsum thaum twg.

Did she become an American citizen?
-- Yes, she became an American citizen last year.

Nws (tus poj niam) puas tau hloov ua Asmeslivkas?
-- Tau, nws twb tau ua Asmeslivkas tsaib no lawm.

When did she leave?
-- She left ten minutes ago.
-- She left last Friday.
-- She left on May 15th (May fifteenth).

Nws (tus poj niam) tawm mus thaum twg?
-- Nws twb tawm mus tau muaj kaum feeb lawm.
-- Nws twb tawm mus hnub tsib dhau los no lawm.
-- Nws twb tawm mus lub tsib hlis ntuj, hnub tim 15 lawm.

Did he answer your letter?
-- Yes, he answered it right away.

Nws puas tau teb koj tsab ntawv?
-- Tau, nws twb teb thaum tau txais lawm.

Who did you ask?
-- I asked Larry Tanaka.

Koj tau nug tus twg?
-- Kuv nug Larry Tanaka lawm.

Did you get your paycheck?
-- Yes, I just got it.
-- No, I didn't get it.

Koj twb tau koj daim ntawv nqi zog lawm los?
-- Tau lawm, kuv nyuam qhuav tau kiag no.
-- Tsis tau, kuv tseem tsis tau tau.

When did you get here?
-- I just got here.
-- I got here fifteen minutes ago.

Koj twb los txog qhov nov thaum twg?
-- Kuv nyuam qhuav los txog ntua.
-- Kuv twb los txog qhov nov tau 15 feeb lawm.

Did you close the windows?
-- Yes, I closed all the windows.

Koj puas tau kaw cov qhov rai?
-- Tau, kuv twb kaw tas nrho cov qhov rai lawm.

Did you open the windows?
-- Yes, I opened all the windows.

Koj puas tau qhib cov qhov rai?
-- Tau, kuv twb qhib tas nrho cov qhov rai lawm.

Where did you put my keys?
-- I put them over there.

Koj muab kuv cov yawm sij tso rau qhov twg?
-- Kuv muab tso rau tod lawm.

Did you write to him?
-- Yes, I wrote to him yesterday.
-- No, I didn't write to him.

Koj puas tau sau ntawv mus rau nws?
-- Tau, nag hmo kuv twb sau rau nws lawm.
-- Tsis tau, kuv tsis tau sau rau nws.

Did you call him back?
-- Yes, I called him right away.

Koj puas tau hu rov rau nws?
-- Tau, kuv twb hu rov rau nws kiag tamsim ntawd lawm.

How long did you teach there?
-- I taught there for three years.

Koj twb qhia ntawv tod tau hov ntev lawm?
-- Kuv qhia ntawv tod tau 3 xyoos lawm.

How much did it cost you?
-- It cost me nearly a hundred dollars.

Koj them qhov nov pes tsawg?
-- Kuv them ib puas dauslas.

Doing Things ...

What did he need? -- He needed a job.	Nws xav tau dabtsi? -- Nws xav tau haujlwm ua.
How long did you keep the book? -- I kept it for two months.	Koj twb muab phau ntawv nyeem no cia tau hov ntev lawm? -- Kuv twb muab cia tau ob hlis lawm.
Did you forget all about it? -- Yes, I did. I forgot all about it.	Koj tsis nco tas lawm puas yog? -- Yog, kuv nco tsis tau tas lawm.
Did John read this? -- Yes, he just read it.	John puas tau nyeem qhov nov? -- Tau, nws nyuam qhuav nyeem tas.
How long did you wait? -- I waited for nearly an hour.	Koj twb tos tau hov ntev lawm? -- Kuv twb tos yuav tau ib teev.
Did someone drive you there? -- Yes, Frank drove me there.	Puas tau muaj neeg tsav tsheb xa kuv mus tod? -- Muaj, Frank tau tsav tsheb xa kuv mus tod.
What kind of textbook did you use? -- I used an American textbook. -- I did not use any book.	Koj tau siv phau ntawv sim hom twg? -- Kuv tau siv Asmeslivkas hom phau ntawv sim. -- Kuv tsis tau siv ib phau ntawv li.
Did someone explain it to you? -- Yes, a friend explained it to me.	Puas tau muaj tus neeg twg piav qhia koj? -- Muaj, ib tug phooj ywg twb piav qhia rau kuv lawm.
Did he let you see it? -- Yes, he let me see part of it.	Nws puas tau muab rau koj xyuas? -- Tau, nws twb muab rau kuv xyuas ib nrab lawm.
Did you speak to him in Lao? -- No, I spoke to him in English.	Koj puas tau nrog nws tham ua lus Nplog? -- Tsis tau, kuv tau nrog nws tham ua lus Askiv.
Did you pay your rent? -- Yes, I did.	Koj puas tau them koj cov nqi tsev? -- Tau, kuv twb them lawm.
When did you pay it? -- I paid it last week.	Koj them nqi tsev thaum twg? -- Kuv twb them tau xya hnub lawm.
Where did you meet him? -- I met him at the home of a friend.	Koj tau ntsib nws qhov twg? -- Kuv tau ntsib nws tom ib tug phooj ywg lub tsev.
Did that make you happy? -- Yes, it made me very happy.	Qhov ntawd puas ua rau koj zoo siab? -- Ua, qhov ntawm tau ua rau kuv zoo siab heev.
Did you make it yourself? -- Yes, I made it myself.	Puas yog koj ua koj? -- Yog, kuv ua kuv.
When did it start? -- It started two weeks ago. -- It just started. -- It started on April 20th (April twentieth). -- I do not know when it started.	Qhov nov tau pib thaum twg? -- Twb pib tau kaum plaub hnub lawm. -- Nyuam qhuav pib no. -- Twb tau pib thaum lub 4 hlis ntuj hnub tim 20 lawm. -- Kuv tsis paub xyov pib thaum twg.

Who did you ride with? -- I rode with Jose Garcia.	Koj tau nrog tus neeg twg caij tsheb? -- Kuv tau nrog Jose Garcia caij tsheb.
Did someone show you how to do it? -- Yes, Leon Rubin showed me how to do it.	Puas tau muaj tus neeg twg qhia koj ua? -- Muaj, Leon Rubin twb qhia kuv ua lawm.
Where did you see it? -- I saw it in a drugstore.	Koj tau pom qhov nov qhov twg? -- Kuv pom qhov nov hauv lub tsev muag tshuaj.
When did it happen? -- It happened two weeks ago. -- It happened just now. -- It happened on April 20th (April twentieth) -- I do not remember when it happened.	Thaum twg qhov nov ua li no? -- Twb ua los tau 14 hnub lawm. -- Nyuam qhuav ua tamsim no. -- Twb ua thaum lub 4 hlis ntuj, hnub tim 20 lawm. -- Kuv nco tsis tau xyov ua thaum twg los.
Where did they move to? -- They moved to California.	Lawv tshais tawm mus qhov twg lawm? -- Lawv twb tshais mus California lawm.
Did your teacher know about this? -- Yes, she knew about it.	Koj tus xib fwb puas tau paub txog tej no? -- Paub, nws (poj niam) twb paub txog tej no lawm.
Where did you sit? -- I sat in front.	Koj twb zaum qhov twg lawm? -- Kuv twb zaum pem hauv ntej lawm.
Which one did you pick? -- I picked this one.	Koj twb xaiv yam twg lawm? -- Kuv twb xaiv yam no lawm.
What did you drink at the party? -- I drank lemonade.	Koj haus cov dej twg tom qhov chaw lom zem? -- Kuv haus dej kua qaub.
When did you send it? -- I sent it yesterday.	Koj tau xa mus thaum twg? -- Kuv tau xa tawm nog hmo.
What did she decide to do? -- She decided to get a summer job.	Nws twb txiav txim siab ua dabtsi lawm? -- Nws twb txiav txim siab ua hauj-lwm thaum lub caij sov lawm.
Where did you learn English? -- I learned it here, in America.	Koj tau kawm Askiv qhov twg los? -- Kuv tau kawm Askiv hauv Asmes-livkas no.
Did he understand it? -- He understood it perfectly. -- He didn't understand it at all. -- He understood some of it.	Nws puas tau totaub? -- Nws totaub zoo lawm. -- Nws tsis tau totaub ib qho li. -- Nws totaub yam puav lawm.
How much money did he borrow from you? -- He borrowed ten dollars from me.	Nws tau txais nyiaj pes tsawg ntawm koj? -- Nws tau txais kaum dauslas ntawm kuv.
Who did you play cards with? -- We played cards with Bill and Nancy.	Neb nrog tus neeg twg ua phaib? -- Wb tau nrog Bill thiab Nancy ua phaib.
Did you watch it on TV? -- Yes, but I only watched it for fifteen minutes.	Koj puas tau ntsia zaj ntawd hauv lub this vis? -- Tau, tiamsis kuv ntsia muaj li kaum tsib feeb.

Doing Things ...

Did you bring your Identification Card (I.D. card)? -- Yes, I brought all my papers with me.	Koj puas tau nqa koj daim ntawv pov thawj nrog cev? -- Tau, kuv nqa tas nrho kuv tej ntaub ntawv nrog kuv lawm.
How much money did you spend? -- I spent nearly fifty dollars.	Koj siv nyiaj tas pes tsawg lawm? -- Kuv siv tas ze tsib caug dauslas lawm.
Did you try to fix it? -- I tried, but I could not fix it.	Koj puas tau sim kho? -- Tau, kuv tau sim lawm, tiamsis kuv kho tsis tau.
Did someone help you do it? -- Yes, Mike helped me do it.	Puas muaj tus pab koj ua? -- Muaj, Mike pab kuv ua lawm.
Did you walk here? -- Yes, I walked here with Howard Chao.	Koj tuaj taw tuaj nov los? -- Yog kawg, kuv nrog Howard Chao tuaj taw tuaj nov.

UNIT 12
GOING PLACES

ZAJ 12
TAUG KEV MUS RAU QHOV UB QHOV NOV

Going around in the city:

Where are you going?
-- I am going to the drugstore.
-- I am going shopping.
-- I am going to work.
-- I am going home.
-- I am going for a walk.

Do you know how to get there?
-- Yes, I do/No, I don't.

Excuse me. What's the best way to get to this address?

How are you going there?
-- I am going to take a cab (taxi).
-- I am going by bus.
-- A friend will give me a ride.
-- Someone will drive me there.
-- I am going to walk.

Is it far from here?
-- Yes/No/I don't know.

How far is it from here?
-- It is only three blocks from here.
-- It is a long way from here.
-- It is about fifty miles from here.
-- It is about an hour's drive from here.

(To a cab driver:)
Greyhound Bus Station, please.

Mus ncig hauv zos:

Koj mus qhov twg?
-- Kuv mus tom lub tsev muag tshuaj.
-- Kuv mus kav khw.
-- Kuv mus ua haujlwm.
-- Kuv mus tsev.
-- Kuv mus taug kev.

Koj puas paub mus tod?
-- Paub, kuv paub/Tsis paub, kuv tsis paub.

Thov txim. Txoj kev twg mus tau ntawm qhov chaw no yooj yim tshaj plaws?

Koj mus tod licas?
-- Kuv yuav caij tsheb tav xis mus tod.
-- Kuv caij tsheb ntiav loj mus.
-- Ib tug phooj ywg yuav xuas tsheb xa kuv mus.
-- Ib tug neeg yuav xa kuv mus tod.
-- Kuv yuav mus taw.

Nyob puas nrug deb ntawm no?
-- Nyob deb/Tsis nyob deb/Kuv tsis paub.

Nyob nrug hov deb ntawm no?
-- Nyob nrug deb ntawm no peb koog tsev nkaus xwb.
-- Nyob nrug deb ntawm no heev.
-- Nyob nrug deb ntawm no tsib caug lav kev (mais).
-- Caij tshev mus li ib teev.

(Nrog tus neeg tsav tsheb tav xis tham:)
Pab xa kuv mus tod chaw tsheb ntiav loj Greyhound.

Going Places ...

Are you going by yourself or with someone? -- I am going with someone.	Koj mus ib leeg xwb los nrog tus neeg twg mus? -- Kuv nrog ib tug neeg mus.
(To a police officer:) Officer, I think I'm lost. What is the best way to get to this address?	(Nrog tus neeg ceev xwm tham:) Yawg hlob, kuv xav tias kuv yuam kev lawm. Txoj kev twg mus tau ntawm qhov chaw no yooj yim tshaj plaws?
I have a map.	Kuv muaj ib daim ntawv qhia kev.
I could not find it on this map.	Kuv nrhiav tsis tau hauv daim ntawv qhia kev no.
What is the address?	Qhov chaw nyob yog licas?
Did you have trouble getting here? -- No, your directions were very clear. -- No, I didn't have any trouble. -- I am afraid so.	Koj tuaj qhov nov puas nyuab? -- Tsis nyuab, koj qhia tau rau kuv zoo heev. -- Tsis nyuab, kuv tsis muaj kev nyuab siab dabtsi. -- Kuv ntshai yuav nyuab thiab.
Can I give you a ride somewhere? -- If it's not too much out of your way.	Koj puas xav kom kuv coj koj mus qhov twg? -- Xav yog tias tsis nyob deb heev ntawm koj txoj kev.
Thanks a lot for the ride.	Ua tsaug ntau koj pab xa kuv.
Goodbye.	Sib ntsib dua.
(To a bus driver:) Excuse me. Is this bus going downtown?	(Nrog tus neeg tsav tsheb ntiav loj tham:) Thov txim. Lub tsheb ntaiv loj no puas mus tom plawv zos?
What is the fare, please?	Nqi caij pes tsawg?
I would like a transfer, please.	Kuv xav tau daim ntawv hloov tsheb.
I am going to Macy's department store. Do I get off here?	Kuv yuav mus tom Macy lub tsev muag khoom. Puas yog nqis qhov nov?
(On the phone:) Could you send a cab to 1824 (eighteen twenty-four) Jefferson Street, please?	(Hu xov tooj:) Koj pab xa ib lub tsheb tav xis tuaj ntawm 1824 txoj kev Jefferson.
(To a police officer in the street:) Officer, I believe I'm lost. Can you help me?	(Nrog tus neeg ceev xwm tham ntawm txoj kev:) Yawg hlob, kuv xav tias kuv poob zoo lawm. Thov koj pab kuv puas tau?

Traveling: / Taug kev:

I am going to Chicago.	Kuv mus Chicago.
How are you going? -- I am going by plane/train/bus. -- I am riding with a friend. -- I am going to drive.	Koj yuav mus licas? -- Kuv yuav caij dav hlau/tsheb ciav hlau/tsheb ntiav loj. -- Kuv nrog ib tug phooj ywg caij tsheb mus. -- Kuv yuav tsav tsheb mus.
(At a ticket window:) I would like a ticket to Chicago, please. -- One way or round trip?	(Nyob tom lub qhov rai muag pib:) Kuv xav muas ib daim pib mus Chicago. -- Mus xwb los mus thiab rov?

What gate number, please? -- Gate number 5.	Lub qhov rooj pes tsawg? -- Lub qhov rooj tshib.
Excuse me. What time is the next bus to Baltimore?	Thov txim. Lwm lub tsheb ntiav loj mus tom Baltimore yuav los thaum tsawg teev?
Excuse me. Is this the right bus for Baltimore?	Thov txim. Puas yog lub tsheb ntiav loj mus tom Baltimore?
Excuse me. What time is the next train to New York City?	Thov txim. Lwm lub tsheb ciav hlau mus New York yuav los thaum tsawg teev?
Excuse me. When does Flight 714 leave, please?	Thov txim. Fij 714 yuav tawm ya thaum twg?
When does Flight 329 from Chicago arrive here?	Fij 329 tawm Chicago los txog qhov nov thaum twg?
Is Flight 411 on time?	Fij 411 puas yuav los txog raws sijhawm?
Do you have any luggage to check? -- Yes, I have two bags.	Koj puas muaj hnab yuav tshawb xyuas? -- Muaj, kuv muaj ob lub hnab.
(On the bus:) Excuse me. When do we get to Sacramento?	(Hauv lub tsheb ntiav loj:) Thov txim. Thaum twg peb mam mus txog Sacramento?
(On the train:) Which way is the dining car?	(Hauv lub tsheb ciav hlau:) Txoj kev twg mus tom lub tsheb muaj zaub nov noj?
Where is the restroom?	Chav tawm rooj nyob qhov twg?
(At the railroad station:) Excuse me. Where is the locker room?	(Tom chaw nres tsheb ciav hlau:) Thov txim. Chav rau khoom nyob qhov twg?
Where can I check this bag?	Kuv yuav coj lub hnab no mus tshawb xyuas tau qhov twg?
Where is the baggage checkout?	Qhov chaw mus muab hnab nyob qhov twg?
(To a porter:) Could you help me with the baggage?	(Nrog tus neeg nqa hnab tham:) Koj pab nqa cov hnab no puas tau?
Which way is the exit?	Chaw tawm nyob qhov twg?

Useful Terms (Cov Lo Lus Yuav Tau Siv):

taxi/cab/taxicab	tsheb tav xis	motorcycle	tsheb maus taus
bus	tsheb ntiav loj	bus stop	chaw tos tsheb ntiav loj
train	tsheb ciav hlau	bus station	chaw nres tsheb ntiav loj
airplane/plane	dav hlau	railroad station	chaw nres tsheb ciav hlau
boat	nkoj		
car/automobile	tsheb	airport	tshav dav hlau
bicycle	tshev tuam/nees zab	street/road	kev

Going Places ...

avenue/boulevard/highway	kev loj	map	ntawv qhia kev
lane/court/place	kab kev	departures	kev tawm mus taug kev
freeway/expressway	kev khiav ceev	arrivals	kev los txog
turnpike	laj kab raws kev loj	waiting room	chav zaum tos
ticket	pib	information booth	chav nug xov
one way ticket	pib mus xwb	baggage	hnab nqa taug kev
roundtrip ticket	pib mus thiab los	passenger	neeg caij tsheb/ dav hlau
gate	qhov rooj nkag	conductor	neeg xyuas pib
platform	chaw tiaj nres tos tsheb	schedule	sijhawm cais cia

More Useful Terms (Lo Puav Lus Yuav Tau Siv Ntxiv):

Immigration and Naturalization Service (INS)	chaw saib xyuas neeg nkag teb chaws thiab hloov haiv neeg	airline ticket office	tsev kab xwm muag pib dav hlau
employment office	tsev nrhiav haujlwm	airport	tshav dav hlau
unemployment office	tsev saib xyuas neeg poob haujlwm	bank	tsev cia nyiaj
city hall	tsev kab xwm zos	hotel	tsev ntiav pw (hom loj)
police station	tsev kav xwm	motel	tsev ntiav pw (hom me)
sheriff's office	tsev kav xwm hauv zos	drugstore	tsev muag tshuaj
real estate office	tsev kab xwm muag vajtse liaj av	department store	tsev loj muag khoom siv
school	tsev kawm ntawv	movie theater	tsev ntsia yeeb yam
elementary school	tsev kawm ntawv theem pib	drive-in movie	chaw zaum hauv tsheb ntsia yeeb yam
secondary school	tsev kawm ntawv theem nrab	five and ten store	npe tsev muag khoom
church	tsev teev ntuj	hardware store	tsev muag khoom kho vajtse
hospital	tsev kho mob	bookstore	tsev muag ntawv nyeem
post office	tsev xa ntawv	public library	tsev khaws-qiv ntawv nyeem
Western Union office	tsev xa xov ntaus Western Union	gas station	chaw muag roj tsheb
railroad station	chaw nres tsheb ciav hlau	garage	chaw rau tsheb
bus station	chaw nres tsheb ntiaj loj	laundry	tsev ntxhua khaub ncaws

laundromat	tsev tso npib ntxhua khaub ncaws	Salvation Army store	tsev muag khoom luag coj tuaj pub
dry cleaner	tsev ntxhua khaub ncaws qhuav	Goodwill Industries store	tsev muag khoom qub
sewing shop	tsev xaws khaub ncaws	grocery store	tsev muag khoom noj
shoe repair shop	tsev kho khau	supermarket	tsev khw loj muag khoom noj
appliance repair shop	tsev kho tshuab hluav taws xob	restaurant	tsev muag zaub mov siav
furniture store	tsev muag rooj tog	cafeteria	tsev haus kav fes
thrift shop	tsev muag khoom qub	delicatessen	tsev muag zaub mov siav
		Chinatown	zos Suav

UNIT 13
CONVEYING INFORMATION

ZAJ 13
KEV NUG KOM PAUB

The telephone:	Xov tooj:
Excuse me. It there a public telephone near here?	Thov txim. Puas muaj xov tooj tso npib nyob ze ntawm no?
May I use your phone?	Kuv thov siv koj lub xov tooj puas tau?
-- Please do.	-- Tau kawg. Yij meem siv.
What is your telephone number?	Koj tus naj npawb xov tooj yog pes tsawg?
-- My telephone number is 362-7089.	-- Kuv tus naj npawb xov tooj yog 362-7089.
What is the area code?	Koj tus naj npawb cheeb tsam yog pes tsawg?
-- The area code is 202.	-- Tus naj npawb cheeb tsam yog 202.
What is the telephone number there?	Tus naj npawb xov tooj ntawm ko yog pes tsawg?
Do you have his telephone number?	Koj puas muaj nws tus naj npawb xov tooj?
(Referring to a telephone directory:) Excuse me. I am having trouble finding the telephone number of a friend in here. Could you help me?	(Hais txog kev siv phau ntawv nrhiav xov tooj:) Thov txim. Kuv tsis paub nrhiav ib tug phooj ywg tus naj npawb xov tooj hauv nov. Koj pab kuv puas tau?
Hello. I would like to speak to Mr. Smith, please.	Heslaus. Kuv xav thov nrog yawg hlob Smith tham.
Please tell him that Mr. An called. Thank you.	Pab hais rau nws tias An hu tuaj. Ua tsaug.
Please ask him to call me at 362-4981.	Pab hais kom nws hu rau kuv ntawm 362-4981.
Is this your home phone number?	Nov puas yog koj tus naj npawb xov tooj tom tsev?

Is this your office phone number?	Nov puas yog koj tus naj npawb xov tooj tom chaw haujlwm?
Operator, I am looking for the number of Mr. Yang Toua.	Tus txuas xov tooj, kuv xav tau Yaj Tuam tus naj npawb xov tooj.
His family name is Yang, spelled Y-A-N-G. His given name is Toua, spelled T-O-U-A.	Nws lub xeem yog Yang, hais ib tug zuj zus yog Y-A-N-G. Nws lub npe yog Toua, hais ib tug zuj zus yog T-O-U-A.
Operator, I would like to make a long distance call to Harrisburg, Pennsylvania.	Tus txuas xov tooj, kuv xav hu mus deb lawm tom Harrisburg nyob Pennsylvania.
The person I am calling is _______ .	Tus neeg kuv hu yog _______ .
His number is _______ .	Nws tus naj npawb xov tooj yog _______ .
My name is _______ .	Kuv lub npe yog _______ .
This is a person-to-person call.	Nov yog xov tooj mus deb rau ib tug neeg nkaus xwb.
This is a station-to-station call.	Nov yog xov tooj mus deb rau tus neeg twg.
This is a collect call.	Nov yog xov tooj mus deb rau tus txais them.
I'm sorry. I think I've got the wrong number.	Thov txim. Zoo li kuv hu yuam kev lawm.
I'm sorry. There's no one here by that name. I think you've got the wrong number.	Tu siab ntau. Tsis muaj ib tug neeg ntawm no hu li ntawd. Tejzaum koj hu yuam kev lawm.
The line is busy.	Xov tooj tseem tsis tau khoom.
No one answered.	Tsis muaj ib tug neeg teb li.
The Western Union office:	Tsev xov tooj cua Western Union:
Where is the nearest Western Union office?	Lub tsev xov tooj cua ze tshaj plaws nyob qhov twg?
I would like to send a telegram to _______ , please.	Kuv xav thov xa ib tsab xov tooj cua mus rau _______ .
I would like to send a telegram to _______ by the least expensive way possible.	Kuv xav thov xa ib tsab xov tooj cua ua pheej yig tshaj plaws mus rau _______ .
What is the minimum charge?	Nqi xa tsawg kawg nkaus yog npaum licas?
What is the minimum charge for a night letter?	Nqi xa ib tsab xov tooj cua hmo ntuj tsawg kawg nkaus yog npaum licas?
This is the text of the telegram.	Nov yog zaj lus xov tooj cua.
How much would I have to pay?	Kuv yuav tau them pes tsawg?
How long will it take to get there?	Hov ntev li tsab xov tooj cua thiaj yuav txog tod?

The post office:	Tsev xa ntawv:
Is there a post office near here?	Puas muaj ib lub tsev xa ntawv nyob ze ntawm no?
Where is the nearest post office?	Lub tsev xa ntawv ze tshaj plaws nyob qhov twg?
How much postage does this letter need, please?	Yuav tau lo nqi xa pes tsawg rau tsab ntawv no?
I would like to send this letter by Special Delivery.	Kuv xav xa tsab ntawv no mus kom txog sai tsis hais hnub twg.
I would like to send this by Registered Mail.	Kuv xav xa tsab ntawv no mus kom tsis pub ploj.
I would like to send this package to ______ .	Kuv xav xa pob khoom no mus rau ______ .
I would like to have five air letters.	Kuv xav muas tsib daim ntawv xa nruab ntug.
I would like to have a book of 18-cent stamps, please.	Kuv xav tau ib phau nqi xa 18 xee.
Do I need more postage on this letter?	Kuv puas yuav tau lo nqi xa ntxiv rau tsab ntawv no?
I would like to buy a money order for fifty dollars, please.	Kuv xav muas ib daig ntawv nyiaj tsib caug dauslas.
How much does it cost by regular mail/airmail?	Xa ib tsab ntawv tsis maj/mus nruab ntug yuav raug nyiaj npaum licas?

UNIT 14 — HEALTH

ZAJ 14 — KEV NOJ ZOO NYOB HU

I want to see a doctor.	Kuv xav mus cuag ib tug kws tshuaj.
I want to go to the hospital.	Kuv xav mus tom lub tsev kho mob.
Can you call an ambulance for me?	Koj pab hu lub tsheb thauj neeg mob rau kuv puas tau?
(On the telephone:)	(Hu xov tooj rau tus txuas xov tooj:)
Operator, this is a medical emergency. Can you help me?	Tus txuas xov tooj, nov yog muaj neeg mob loj. Thov koj pab kuv puas tau?
Are you alright? -- I don't know. I think I sprained my ankle.	Koj puas ua licas? -- Kuv xav tias kuv lub pob taws qis lawm.
Are you hurt? -- No, I am alright. Thank you.	Koj puas mob? -- Tsis mob, kuv tsis ua licas li. Ua tsaug.
(On the phone:) I would like to make an appointment with Doctor Clark, please.	(Hu xov tooj:) Kuv xav teem caij tuaj ntsib tus kws tshuaj Clark.
(To a friend:) I need to see a doctor. Can you recommend one?	(Nrog phooj ywg tham:) Kuv xav mus cuag ib tug kws tshuaj. Koj pab qhia ib tug rau kuv puas tau?
What seems to be the trouble? -- I have a pain right here, doctor. -- I have a pain in my leg/stomach/chest.	Koj mob qhov twg? -- Kuv mob ntawm no. -- Kuv mob ceg/mob plab/mob hauv siab.
How do you feel? -- Not very well, doctor. -- I have a fever. -- I have a bad cough. -- I feel tired. -- I don't sleep too well. -- I have no appetite.	Koj puas zoo me ntsis? -- Tsis tau zoo pes tsawg. -- Kuv ua daus no. -- Kuv hnoos heev. -- Kuv tsis muaj zog. -- Kuv pw tsis tsaug zog zoo pes tsawg. -- Kuv tsis qab lo.

Have you ever had this before? -- No, I have never had this before.	Koj puas tau ua li no dua? -- Tsis tau, kuv tsis tau ua ib zaug li no los dua.
How long have you had this? -- I have been like this for two days.	Koj ua li no los hov ntev lawm? -- Kuv ua li no los tau ob hnub lawm.
Are you taking any medicine for it? -- No, I am not.	Koj puas tau noj ib yam tshuaj li? -- Kuv tsis tau.
Do you have health insurance? -- Yes, I do. -- No, I don't.	Koj puas muaj nqi them kev kho mob? -- Muaj, kuv muaj. -- Tsis muaj, kuv tsis muaj.
Is it serious, doctor?	Puas yog mob loj?
Do I have to stay home from work?	Kuv puas yuav tau nyob so tom tsev?
About how long will I have to stay in bed?	Kuv yuav tau pw saum txaj hov ntev li?
Do I need a special diet?	Kuv puas yuav tau caiv tej hom zaub mov dabtsi?
Do I have to come back and see you again, doctor?	Kuv puas yuav tau rov qab tuaj ntsib koj dua lawm?
*Do you understand the instructions on the label?	Koj puas totaub rau cov lus qhia nyob ntawm daim ntawv lo ntawm lub fwj?
-- Yes, I do, but I will ask a friend to make sure.	-- Totaub, tiamsis kuv mam nug ib tug phooj ywg kom qhia dua.
*That's a good idea. You have to be careful with medicines.	Koj xav tau zoo kawg. Yuav tsum ceev faj rau tej tshuaj.
(To a druggist/pharmacist:)	(Nrog tus neeg muag tshuaj/tov tshuaj tham:)
Do you have anything for a cough?	Koj puas muaj tshuaj hnoos?
Do you have anything for a sore throat?	Koj puas muaj tshuaj mob qa?
I would like a receipt for it, please.	Kuv xav tau daim ntawv muag.
Do you need a prescription for this?	Koj puas xav tau daim ntawv muas tshuaj rau cov tshuaj no?
Is there a drugstore/pharmacy near here?	Puas muaj lub tsev/chaw muag tshuaj nyob ze ntawm no?

*For understanding only/Siv cia rau kom totaub nkaus xwb.

Common Health Problems (Lus Hais Txog Teeb Meem Kev Mob Nkees):

pain	mob	constipation	cem quav
common cold	ua daus no	malaria	ua npaws
headache	mob taub hau	arthritis	mob raws pob txha
stomachache	mob plab	asthma	mob ua pa tsis nto
toothache	mob hniav		
flu	ua daus no los kua ntswg	diarrhea	mob zawv plab

stroke, heart attack	plawv tsis dhia zoo	ulcer	kiav txhab nyob hauv plab hnyuv
allergy	tsis haum		

Names of Some Parts of the Body (Lus Hais Txog Neeg Lub Cev):

head	taub hau	ears	pob ntseg
neck	caj dab	nose	qhov ntswg
shoulder	xwb pwg	mouth	qhov ncauj
arm	caj npab	teeth	hniav
hand	txhais tes	tongue	nplaig
finger	ntiv tes	hair	plaub hau
chest	hauv siab	skin	tawv nqaij
abdomen	plab mog	bone	pob txha
back	nruab qaum	blood	ntshav
leg	sab ceg	intestines	nyhuv
foot	txhais ko taw	liver	siab
toe	ntiv taw xoo	lungs	ntsws
face	ntsej muag	stomach	plab
eyes	qhov muag	bladder	lub zais zis

Names of Some Useful Medical Specialists (Lus Hais Txog Tej Cov Neeg Kho Mob):

physician/doctor	kws tshuaj
gynecologist	neeg kho poj niam cov kab mob
obstetrician	neeg kho poj niam thiab menyuam
surgeon	kws phais neeg
pharmacist/druggist	kws tov tshuaj
dentist	kws kho hniav
pediatrician	neeg kho menyuam yaus
ophthalmologist	kws kho qhov muag
cardiologist	kws kho plawv
psychologist	kws paub txog siab neeg

UNIT 15	ZAJ 15
FOOD	ZAUB MOV

I am hungry.	Kuv tshaib plab.
Are you hungry? -- No, I am not hungry.	Koj puas tshaib plab? -- Tsis tshaib, kuv tsis tshaib plab.
Is there a restaurant around here?	Puas muaj tsev muag zaub mov noj nyob ze ntawm no?
This food is delicious!	Cov zaub mov no qab kawg!
Do you like it? -- Yes, it's very good. I like it very much. -- It's O.K. -- I'm sorry, I can't eat it. I'm not used to it.	Koj puas nyiam cov nov? -- Nyiam, cov nov qab kawg. Kuv nyiam cov nov heev. -- Noj nyog. -- Tus siab ntau, kuv noj tsis taus cov nov. Kuv tsis tau noj dua.
Please have some more. -- No, thank you. I've had enough.	Noj dua ntxiv. -- Tau lawm, ua tsaug. Kuv tsau lawm.
Would you like something to eat? -- No, thank you. I've already eaten.	Koj puas xav noj dabtsi? -- Tau lawm, ua tsaug. Kuv twb noj lawm.
Would you care for something to drink? -- May I have a glass of orange juice?	Koj xav haus dabtsi? -- Kuv thov ib khob dej txiv kab ntxwv?
How about a whiskey and soda? -- No, thanks. I don't drink.	Yuav me ntsis cawv ntsim whiskey yom? -- Tau lawm, ua tsaug ntau. Kuv tsis haus.
Have you had breakfast yet? -- Yes, I have.	Koj puas tau noj tshais? -- Tau, kuv twb noj lawm.
Have you had lunch yet? -- No, I haven't.	Koj puas tau noj sus? -- Tsis tau, kuv tseem tsis tau noj.
Have you had dinner yet?	Koj puas tau noj hmo?

Is there a Chinese restaurant near here?	Puas muaj tsev muag zaub mov Suav nyob ze ntawm no?
Would you like a cup of tea? -- Yes, thank you.	Koj puas xav haus ib khob dej ces? -- Xav, ua tsaug.
With or without sugar? -- Without sugar.	Rau piam thav los tsis rau? -- Tsis rau piam thaj.
At a lunch counter:	Tom lub rooj muag su:
I'd like a cup of hot tea.	Kuv xav tau ib khob dej ces.
I'd like a ham sandwich and a glass of milk.	Kuv xav tau ib daim mov ci rau nqaij thiab ib khob mis nyuj.
I'll have two eggs and toast.	Kuv xav tau ob lub qe thiab daim mov ci.
-- How would you like your eggs? -- I would like them soft-boiled/ scrambled/fried.	-- Koj nyiam kom ua qe licas? -- Kuv xav tau qe hlab dej kub/qe tsoo rau roj thiab mis/qe nthee.
I would like a small Coke.	Kuv xav tau ib khob Pev xij me.
I want a bowl of chicken soup.	Kuv xav tau ib ntig qaib hau.
I want a hamburger.	Kuv xav tau ib lub mov ci rau nqaij.
I want a cheeseburger.	Kuv xav tau ib lub mov ci rau nqaij ntxuag roj khov.
Give me two scoops of ice cream.	Muab ob daim mis khov rau kuv.
I want vanilla/chocolate/straw-berry.	Kuv xav tau mis khov vas ni las/ saus kaus las/txiv pos.
Would you like some dessert? -- Yes. I would like some rice pudding.	Koj puas noj khoom qab zib? -- Noj. Kuv xav tau me ntsis paj npleg kib.
Where do I pay? -- Pay at the cashier.	Kuv yuav mus them nyob qhov twg? -- Them tom lub rooj khaws nyiaj.

Yam yuav tau paub:

Nyob Asmeslivkas teb, hauv cov tsev muag zaub mov noj, raws luag kev cai, thaum noj mov tas, ua ntev yuav tawm los mus, yuav tau tso me ntsis nyiaj pub rau tus nqa thiab txhab zaub mov. Cov nyiaj pub no yuav nyob ntawm 10 rau 15% ntawm cov nqi zaub mov.

COMMON FOODS (ZAUB MOV)

Meats	Nqaij	Vegetables	Zaub
beef	nqhaij nyug	cabbage	zaub qhwv
pork	nqaij npuas	cauliflower	zaub paj
chicken	nqaij qaib	Chinese cabbage	zaub qhwv Suav
lamb	nqaij yaj	mustard greens	zaub ntsuab
veal	nqaij menyuam nyuj	lettuce	zaub xas lav
duck	nqaij os	leek	zaub zoc li dos
turkey	nqaij qaib cov txwv	carrot	zaub ntug hauv paus

Food ...

asparagus	zaub qhwv qws
bamboo shoots	ntsuag xyoob
bean sprouts	kaus taum
mushroom	nceb
radish	zaub ntug hauv paus kheej
cucumber	dib
tomato	txiv lws liab
beet	zaub ntug hauv paus liab
eggplant	txiv lws ntev
green pepper	kua txob ntsuab
string beans	taum ntev
peas	txiv laum huab xeeb
lima beans	kaus taum
corn	pob kws
pumpkin	taub dag
bitter melon	dib txaig
potatoes	qos yaj ywm
sweet potatoes	qos yaj ywm qab zib

Seafood	Nqaij Hauv Dej Hiav Txwv
fish	ntses
shrimp	cws
crab	roob ris
lobster	cws hom loj
trout	ntses dej tsuag
codfish	ntses pas thus
sardine	ntses xas dis
tuna fish	ntses pas thus hom loj

Spices and Seasonings	Txuj Lom (Rau Zaub)
Chinese parsley	zaub txhwb
onion	dos
green onion	dos ntsuab
garlic	qij
red pepper	kua txob liab
black pepper	fwj txob
salt	ntsev
sugar	piam thaj
citronella	txiv duaj
lemon	txiv qaub (moj nos)
lime	txiv qaub ntsuab
ginger	qhiav
cinnamon	ib yam xyab txob

Fruits	Txiv Ntoo
apple	txiv ev paum
orange	txiv kab ntxwv
tangerine	txiv kab ntxwv hom loj
banana	txiv tsawb
peach	txiv duaj
pear	txiv moj coos
plum	txiv moj mab
cantaloupe	dib txaig
honeydew melon	dib pag qab zib
watermelon	dib dej
grape	txiv quav ntswg nyoos
raisin	txiv quav ntswg qhuav
grapefruit	txiv kab ntxwv qaub

Cereals and Grains	Txhuv Kib-ci Thiab Noob
rice	txhuv
glutinous rice ("sticky rice")	mov nplaum
corn	pob kws
soybean	taum pauv
sesame	noob hnav
peanut	txiv laum huab xeeb

Yam yuav tau paub:

Hauv Asmeslivkas teb, ib kislaus los ib phaus nqaij yuav pheej yig los kim nyob ntawm hom nqaij thiab thooj nqaij. "Hom nqaij" yog hom phem los zoo. "Thooj nqaij" yog txiav ntawm qhov twg los.

Nqi txiv ntoo thiab zaub kim thiab pheej yig nyob ntawm lub caij cog. Yog mus yuav thaum lub caij ua zaub thiab caij txiv ntoo siav, cov nqi yuav pheej yig me ntsis. Tsis tas li ntawd, koos poos txiv thiab zaub yuav pheej yig dua cov luag mus de tom teb, vaj los. Cov tsev muag cov khoom ntawd hu ua tsev khw loj (Supermarkets). Tej hnub luag yuav muag khoom luv nqi hu (Sale Items). Ua ntej yuav muaj muag khoom luv nqi, luag yuav tshaj xo tawm rau hauv cov xov xwm.

UNIT 16
CLOTHING

ZAJ 16
KHAUB NCAWS

Buying clothes:	Muas khaub ncaws:
May I help you? -- I would like to buy a sport shirt. -- I would like to buy a blouse.	Kuv pab koj puas tau? -- Kuv xav muas ib lub tsho kislas. -- Kuv xav muas ib lub tsho tes ntev.
What's your size? -- I am sorry, I don't know my size.	Koj hnav tsho naj npawb pes tsawg? -- Tu siab ntau, kuv tsis paub kuv tus naj npawb tsho.
Can you take my measurements?	Koj pab ntsuas kuv puas tau?
Can I try it on?	Kuv thov sim puas tau?
Where can I try this on?	Kuv yuav mus sim tau nyob qhov twg?
It is too large.	Lub no loj hwv.
Do you have smaller sizes?	Koj puas muaj cov me me ntsis?
It is too small.	Lub no me hwv.
Do you have larger sizes?	Koj puas muaj cov loj me ntsis?
It is too tight at the waist.	Ceev ntawm duav heev.
The sleeves are too long.	Tes ntev hwv.
Do you do alterations?	Koj puas txiav thiab kho?
Do you charge extra for alterations?	Koj puas xam nqi kho ntxiv?
When will it be ready?	Thaum twg thiaj yuav tau?
This size fits me O.K. (well).	Tus naj npawb no tab tom haum kuv.
Does this have to be dry cleaned?	Lub no puas yog yuav tsum ntxhua qhuav?
Can you launder this at home?	Koj ntxhua lub no tom tsev puas tau?

Does this have to be hand-washed?	Lub no puas yog yuav tsum xuas tes ntxhua?
Is this machine-washable?	Lub no ntxhua hauv tshuab puas tau?
Does this have to be ironed?	Lub no puas yog yuav tsum luam (thaum ntxhua tas)?
This is too expensive.	Lub no kim heev.
I would like something cheaper.	Kuv xav tau tej hom pheej yig dua.
This is a little too fancy for me.	Lub no zoo rau kuv me ntsis lawm.
Is this on sale?	Lub no puas yog muag luv nqi?
What was the regular price?	Tus nqi tsis luv yog pes tsawg?

SOME ITEMS OF CLOTHING (KHAUB NCAWS HOM PUAV):

Men's Clothing	Khaub Ncaws Txiv Neej
suit	cev ris tsho loj
coat	tsho tshooj ntev sab nraud
trousers/pants	ris hnav
dress shirt	tsho ua zam
sport shirt	tsho hnav ua si
tie	ntaub vas caj dab tshos
bow tie	qhov rhais ntawm txoj ntaub vas caj dab
underwear	ris tsho sab hauv
T-shirt	tsho sab hauv (tsho tij kauv)
undershorts	ris hauv qab
briefs	ris ceg luv hauv qab
pajamas	ris tsho hnav pw
Bermuda shorts	ris ceg luv
bathrobe	tsho hnav npog cev
socks	thom khwm
sweater	tsho ntaub tiv no
raincoat	tsho tiv nag
overcoat	tsho tiv no
scarf	phuam kauv caj dab
jeans	ris ntaub txhav
jacket	tsho tawv tij no
work clothes	ris tsho ua haujlwm

Women's Clothing	Khaub Ncaws Poj Niam
dress	ris tsho
blouse	tsho hnav tuaj sab nraud
skirt	tiab
suit	ris tsho loj
pantsuit	cev ris tsho loj
underwear	ris tsho hauv qab
panties	ris hauv qab
bra	khiab mis
slip	tiab/ris hauv qab
stockings (hose)	vuam txwv ntev
pantyhose	vuam txwv looj txog pem duav
jeans	ris ntaub txhav
nightgown	tiab hnav pw
housecoat	tsho hnav nyob hauv tsev
pajamas	ris tsho hnav pw

Clothing ...

Footwear	Hom Siv Rau Ko Taw
shoes	khau
socks	thom khwm
stockings	thom khwm npog hauv caug
dress shoes	khau ua zam
work shoes	khau rau mus haujlwm
tennis shoes	khau ntaus pob
sneakers	khau ntaub
slippers/ sandals	khau khiab
boots	khau looj plab hlaub
overshoes	khau sab nraud

Other Personal Items	Lwm Hom Khoom Siv Rau Yus
hat	kos mom
cap	kos mom caws pliaj
watch	lub teev coj
glasses	tsom iav qhov muag
umbrella	kaus tiv tshav-nag
sun glasses	tsom qhov muag thiav hnub
belt	siv tawv
wallet	hnab tawv me (txiv neej li)
cuff links	cov menyuam khawm ntsia tes tsho
tie clip	qhov khawm ntaub kauv caj dab
handkerchief	phuam so ntswg
purse	hnab tawv poj niam
jewelry	nyiaj-kub
ring	nphlaib
necklace	sawv caj dab
bracelet	hlua tes
chain	hlua caj dab hlua tes
earrings	qhws ntsej
diaper	ntaub ceev zis
suitcase	thawv rau khaub ncaws

Yam yuav tau paub:

Cov khaub ncaws xws li pam vov, tog hauv ncoo ntaub puas chaw, tej zaum luag yuav muaj muag luv nqi ntxias sawv daws hauv tej khw loj. Lub caij yuav muaj muag luv nqi, luag yuav tshaj xo qhia tawm rau hauv xov xwm hauv zos.

Washing clothes:	Kev ntxhua khaub ncaws:
(At the dry cleaner's:)	(Nyob tom lub tsev ntxhua khaub ncaws qhuav:)
I would like to have this dry cleaned.	Kuv xav muab cov nov ntxhua qhuav.
No starch on the shirts, please.	Txhob muab hmoov ntxhua rau cov tsho no.
I would like to have it Friday afternoon. Is that possible?	Kuv xav tau cov nov hnub tsib thaum hnub qaij. Puas yuav tau?
When will it be ready?	Thaum twg cov nov mam tiav?
Is there a laundromat around here?	Puas muaj tsev ntxhua khaub ncaws nyob ze ntawm no?
(At the laundromat:)	(Nyob tom tsev tso npib ntxhua khaub ncaws:)

How much money do you have to put in the machine?	Kuv yuav tsum tso nyiaj pes tsawg rau hauv lub tshuab no?
About how much is a load?	Ntxhua ib zaug yuav ntim khaub ncaws hov ntau?
Excuse me. How do you operate this machine?	Thov txim. Yuav siv lub tshuab no licas?
How much soap should you use for one load?	Ntxhua zaus yuav rau xum npum ntau npaum licas?
When do you add soap?	Thaum twg koj nam ntxiv xum npum?
About how long will it take?	Lub tshuab no yuav ntxhua hov ntev?
Excuse me. Are you using this machine?	Thov txim. Koj puas tseem siv lub tshuab no?

Useful Terms (Cov Lus Zoo Siv):

(clothes) washer	tshuab ntxhua khaub ncaws
(clothes) dryer	tshuab ziab khaub ncaws
detergent	tshuaj ntxhua khaub ncaws
sheets	ntaub puas chaw
pillow	tog hauv ncoo
blanket	pam vov
pillowcase	hnab hauv ncoo
bath towel	phuam so cev
face towel	phuam ntxuav muag
kitchen towel	phuam so tsev mov
tablecloth	ntaub pua rooj
napkin	ntawv so qhov ncauj
curtain	ntaub npog qhov rai

Sewing clothes:	Kev xaws khaub ncaws:
Is there a sewing shop around here?	Puas muaj tsev xaws khaub ncaws nyob ze ntawm no?
I need some thread.	Kuv xav tau me ntsis xov.
I need some needles.	Kuv xav tau koob ntxiv.
Where are the pattern books?	Cov phau ntawv qhia hom khaub ncaws nyob qhov twg?
How much is a yard of this material?	Cov ntaub no ib dag licas?

Useful Terms (Cov Lus Zoo Siv):

sewing machine	tshuab xaws khaub ncaws
fabric	ntaub
tape measure	khoom siv ntsuas
button	khawm
zipper	txoj swb ris tsho
hooks and eyes	menyuam khawm pas ntoo
wool	ntaub xo
cotton	rwb
silk	ntaub xo
nylon	ntaub nisloos
bobbin	lub leg xov
dress form	qauv ris tsho
lining	ntaub pua tsev
pattern	hom ua cia saib

UNIT 17 HOUSING / ZAJ 17 VAJTSE

Renting a place to live:	Kev ntiav chaw nyob:
I need an apartment for a family of four.	Kuv xav tau ib lub tsev kem rau ib tse plaub leeg nyob.
Is it furnished?	Puas muaj rooj tog txaj chaw?
How much is the rent?	Lub nqi tsev yog pes tsawg?
Is there a laundry room in the building?	Puas muaj chaw ntxhua khaub ncaws nyob hauv lub tsev loj ntawd?
Where is the manager's office, please?	Tus saib xyuas vajtse lub tsev kab xwm nyob qhov twg?
Are the utilities included in the rent?	Cov nqi dej nqi, hluav taws puas nyob nrog nqi tsev?
I would like to show the lease to a friend before signing it.	Kuv xav muab daim ntawv ntiav tsev nyob no rau ib tug phooj ywg xyuas ua ntej yuav sau yuas rau. Puas yuav ua licas?
Do I have to make a deposit?	Kuv puas yuav tau tso nyiaj ua ntej?
Is there parking reserved for tenants?	Puas muaj chaw nres tsheb tseg cia rau cov ntiav tsev nyob?
Is there free parking?	Puas muaj chaw nres tsheb dawb?
I would like to see the manager, please.	Kuv xav thov ntsib tus saib xyuas tsev.
I have a complaint to make.	Kuv muaj lus tsis txaus siab yuav hais.
How many bedrooms are there?	Cov nov muaj tsawg chav pw?
How many bathrooms are there?	Cov nov muaj tsawg chav dej?
Is it near a school?	Puas nyob ze tsev kawm ntawv?

Is it near a bus line?	Puas nyob ze kev tsheb ntiav loj?
Is there central air conditioning?	Puas muaj chaw qhib cua txias?
Is it near a shopping center?	Puas muaj khw nyob ze?
(Checking into a hotel:)	(Kev sau npe nkag hauv chaw ntiav so:)
I would like a single room.	Kuv xav tau chav ib lub txaj.
I would like a double room.	Kuv xav tau chav ob lub txaj.
How much is it for a day?	Ib hnub raug nyiaj pes tsawg?
What is the checkout time?	Yuav sau npe tawm thaum tav licas?

A HOUSE (TSEV KHEEJ)

entrance	qhov rooj nkag	downstairs	theem hauv qab
hall	chav loj	roof	ru tsev
living room	chav txais qhua	wall	phab ntsa
bedroom	chav pw	mantelpiece	daim khwb qhov cub nte
dining room	chav noj mov	floor	npoo tsev
kitchen	tsev mov	door	qhov rooj
bathroom	chaw da dej	window	qhov rai
powder room	chaw ntxuav tes	stairway	ntaiv
recreation room	chav so ua si	venetian blinds	ntaub npog qhov rai
fireplace	qhov cub nte	window shade	ntaub npog qhov rai
screened porch	daim ntxaij hlau npog qhov cub	radiator	lub rhaub dej kom tsev sov
closet	txee dai khaub ncaws	furnace	tshuab ua kom tsev sov
attic	saum nthab	water heater	lub rhaub dej
linen closet	txee rau ntaub	washing machine (or, clothes washer)	tshuab ntxhua khaub ncaws
basement	theem hauv qab	laundry tub	dab ntxhua khaub ncaws
utility room	chav khoom siv	fuse box	thawv txuas hlauv taws xob
garage	chaw rau tsheb	water meter	tshuab ntsuas dej
front yard	qab tsib taug	gas meter	tshuab ntsuas roj zeb ntsuam
back yard	tiaj nraum qaum tsev	electric meter	tshuab ntsuas hluav taws xob
garden	vaj	stove	qhov cub
patio	chaw nyob nraum qaum tsev		
tool shed	chav rau rauj-riam txuas		
upstairs	theem saum toj		

oven	qhov cub ci nqaij
refrigerator	txee txias
kitchen sink	dab ntxuav tais diav
kitchen cabinet	txee rau khoom hauv tsev mov
dishwasher	tshuab ntxuav tais diav
garbage disposal	tshuab zom qub zaub qub mov
pantry	txee rau khoom
bathtub	dab da dej
washbowl	dab ntxuav muag
toilet bowl	dab tawm rooj
toilet seat	chaw zaum tawm rooj
shower	kav da dej
medicine cabinet	txee rau tshuaj
towel rack	kav hlau dai daim ntaub npog dab da dej
faucet	kav hlau qhib dej

FURNISHING A HOUSE (NRHIAV ROOJ TOG RAU HAUV TSEV)

furniture	rooj tog, txaj chaws
table	rooj
dining table	rooj noj mov
lamp table	rooj txawb teeb
kitchen table	rooj noj mov
coffee table	rooj kav fes
chair	rooj zaum
armchair	rooj zaum tiag tes
sofa	rooj zaum ntev
rug	ntaub pua taw rooj
bed	txaj
double bed	txaj ob leeg pw
single bed	txaj ib leeg pw
mattress	pam pua saum toj
box spring	pam pua hauv qab
buffet	txee rau khob thiab phaj
dresser	rooj rau khaub ncaws
lamp	teeb txawb
mirror	daim iav
curtain	ntaub npog qhov rai
sheet	ntaub pua chaw
blanket	pam vov
pillow	tog hauv ncoo
bedspread	ntaub pua chaw
tablecloth	ntaub pua rooj
napkin	ntawv so tes
shower curtain	ntaub npog dab da dej
pots and pans	lauj kaub-yias
pan	lauj kaub
frying pan	yias
saucepan	lauj kaub hau zaub
kettle	lauj kaub rhaub dej
coffeepot	lauj kaub kav fes
teapot	lauj kaub rau ces
kitchen knife	riam
dishtowel	ntaub so tais diav
can opener	tus hlau tho kos poom
bottle opener	tus hlau qhib lam fwj
corkscrew	tus kav hlau tshau qhov
silverware	nyiaj npib nyiaj choj

fork	rawg chob
spoon	diav
knife	riam
chopsticks	rawg tais
dishes	phaj tais diav
cup	khob
saucer	phaj me
plate	phaj loj
bowl	ntim
glass	khob iav
tray	phaj nqa zaub mov, vab
salt and pepper shakers	lub ntim ntsev thiab fwj txob
toothbrush	tus txhuam hniav
toothpaste	tshuaj txhuam hniav
comb	zuag
hairbrush	tus ntsis plaub hau
razor	tus chais fwj txhuv

bath towel	phuam da dej
face towel	phuam ntxuav muag
bath soap	xum npum ntxuav cev
bath sponge	daim txhuam cev
vacuum cleaner	lub nqus tsev
broom	khaub rhuab
dustpan	daim txhuam lauj kaub
mop	tus so tsev
brush	tus txhuam ub no
feather duster	tus plaub qaib nplawm plua tsauv
dustcloth	daim so plua tshauv
waste basket	lub rau yam pov tseg
garbage can	thoob rau yam pov tseg
disinfectant	tshuaj tua kab
detergent	tshuaj ntxhua khaub ncaws

Household repairs:	Kev kho vajtse:
It doesn't work.	Lub no puas lawm.
What's wrong with it? -- It doesn't start. -- It broke down. -- It's broken.	Lub no puas llcas lawm? -- Tsis tig lawm. -- Puas lawm. -- Puas lawm.
Can you fix it?	Koj kho puas tau?
Does something need to be replaced?	Puas muaj tej yam yuav tau kho?
How much would it cost to fix it?	Yuav siv nyiaj hov ntau los kho?
Does that cover both parts and labor?	Nov puas yog tas nrho nqi khoom thiab nqi tes?
I think I can fix this myself.	Kuv xav hais tias kuv kho kuv yuav tau.
Would a hardware store have it?	Puas yuav muaj yam no nyob hauv lub tsev muag khoom kho vajtse?
Is there a hardware store nearby?	Puas muaj tsev muag khoom kho vajtse nyob ze ntawm no?
I want to get a hammer and some nails.	Kuv xav muas ib rab rauj thiab ib co ntsia thawv.

Housing ...

(Showing the hardware store clerk a worn-out part:)	(Cev ib qho khoom puas rau tus neeg ua haujlwm hauv lub tsev muag khoom kho vajtse:)
Excuse me. Where can I get a replacement for this?	Thov txim. Kuv yuav nrhiav tau yam los hloov qhov no nyob qhov twg?
I would like to <u>return</u> this.	Kuv xav <u>thim</u> qhov nov.
It is the wrong size.	Qhov nov loj tsis sib haum.
I would like to <u>exchange</u> this for another one, please. This is the wrong size.	Kuv thov <u>hloov</u> dua lwm lub. Lub no tsis haum.
It is too small/big.	Me hwv/loj hwv.

Useful Items (Cov Khoom Tseem Ceeb):

light bulb	lub qe teeb hlauv taws xob	extension cord	txoj hlua txua ntxiv
key	yawm sij	nail	ntsia thawv
lock	ntsuas phoo	screw/nut	ntsia tig
fuse	lub qia txuas hluav taws xob	bolt	lub kauj hlau dhos ntsia tig
washer (for a faucet)	tus kav hlau qhib dej	tape	txoj hlua ntsuas
glue	kua nlpaum	lubricating oil	lub nyem roj
sandpaper	ntawv txhuam ntoo/hlau	paint	pleev kob
		turpentine	tshuaj ntxuav kob

Basic Household Tools (Rauj Ntsia Siv Rau Hauv Tsev):

hammer	rab rauj	drill	tus tshau tho qhov
(pair of) pliers	txwg ciaj tais	drill bit	tus lees txam
screwdriver	tus tig ntsia	wrench	rab ciaj
saw	rab kaw	flashlight	lub teeb nyem
chisel	rab txhaum	paint brush	tus pleev kob

UNIT 18
JOBS

ZAJ 18
HAUJLWM

I am looking for a job.
Kuv nrhiav haujlwm.

I am out of work.
Kuv poob haujlwm.

I do not have a job.
Kuv tsis muaj haujlwm.

I am applying for a job.
Kuv sau npe ua haujlwm.

Can you help me find a job?
Koj pab nrhiav haujlwm rau kuv puas tau?

I am going to a job interview. Can you go with me?
Kuv mus sib tham kev ua haujlwm. Koj nrog kuv mus puas tau?

Will this organization help me find a job?
Lub tsev koom haum no puas yuav pab nrhiav haujlwm rau kuv?

What was your occupation before you came to the U.S.?
-- I was in the military.
-- I was a government official.
-- I was a _______ (profession).
-- I worked for _______ (name of organization).

Koj ua haujlwm dabtsi ua ntej koj tuaj Asmeslivkas?
-- Kuv ua tub rog.
-- Kuv ua haujlwm rau Tseem Fwv.
-- Kuv yog _______ (qhia yam haujlwm.
-- Kuv tau ua haujlwm rau _______ (qhia npe chaw ua haujlwm).

How long did you work at that job?
-- I worked at that job for six years.

Koj ua yam haujlwm ntawd los hov ntev lawm?
-- Kuv ua yam haujlwm ntawd los tau rau lub hlis lawm.

How much does this job pay?
Luag them nyiaj rau koj pes tsawg?

What are the working hours?
Lub caij ua haujlwm yog licas?

Do you get paid every week or every other week?
Luag them nyiaj rau koj txhua 14 hnub los txhua 7 hnub?

Besides the salary, are there any benefits going with the job?
Tas rau cov nyiaj hli, puas muaj yam puav ntxiv nqi zog thiab?

What about leaves and vacations?
Hnub so mob thiab hnub so haujlwm ne?

What about pay raises and advancement?	Kev nce nyiaj thiab nce haujlwm ne?
Who will be my direct supervisor?	Leej twg yuav yog tus saib xyuas kuv ua haujlwm?
When can you let me know?	Thaum twg koj mam phia rau kuv paub?
I would like a little time to think about it.	Kuv xav tau sijhawm me ntsis xav tso.
When do I have to let you know?	Kuv yuav tsum teb rau koj paub thaum twg?
Is this a full-time or a part-time job?	Nov yog haujlwm puv sijhawm los ib nrab sijhawm?

PEOPLE AND JOBS (NEEG THIAB HAUJLWM)

accountant	neeg khaws ntaub ntawv nyiaj txiag
architect	kws kes duab vajtse
auto mechanic	kws kho tsheb
babysitter	neeg zov menyuam
baker	neeg ua mov ci
barber	kws txiav plaub hau
bartender	neeg txhab dej caw
blacksmith	kws ntaus hlau
bookbinder	kws xaws ntawv
bookkeeper	neeg khaws ntawv
bricklayer	kws lo thawv cib
butcher	neeg tua tsiaj
cabinet maker	kws ua thawv
carpenter	kws ua vajtse
cashier	neeg khaws nyiaj
chauffeur	neeg tsav tsheb
clerk	neeg muag khoom
clerk typist	neeg ntaus ntawv
cook	neeg ua noj
delivery person	neeg xa khoom
dentist	kws kho hniav
dietitian	neeg ua zaub mov hauv tsev kho mob
doctor	kws tshuaj
draftsman	kws yees tshuab
dressmaker	kws xaws ris tsho
economist	kws xam nyiaj txiag
electrician	kws kho hluav taws xob
engineer	kws ua kev/choj
farmer	neeg ua liaj/teb
farm hand	tub tes tub taw hauv liaj/teb
fashion model	kws hnav khaub ncaws tshiab
foreman	thawj saib xyuas neeg ua haujlwm
hairdresser	kws caws plaub hau
housekeeper	neeg tu vajtse
interpreter	neeg txhais lus
janitor	neeg tu vajtse
journalist	kws sau ntawv xov xwm
lathe operator	kws dhos tshuab
laundryman	neeg ntxhua khaub ncaws
lawyer	neeg hais plaub ntug
locksmith	kws ua ntsuas phoo
machinist	kws kho tshuab

maid	tub txib
mechanic	kws kho tsheb
miner	kws khawb qhov nyiaj/kub
mover	neeg tshais khoom
newspaper delivery person	tub xa ntawv xov xwm
night watchman	neeg zov tsev hmo ntuj
nurse	neeg xyuas neeg mob
(telephone) operator	neeg txuas xov tooj
optician	kws txiav tsom qhov muag
painter	kws pleev kob
pharmacist	kws tov tshuaj
photographer	kws yees duab
plumber	kws kho kav dej
printer	kws luam ntawv
professor	xib fwb
radio technician	kws kho vib thab nyub
researcher	kws tshawb nrhiav
restaurant manager	thawj saib xyuas tsev muag mov
scientist	tus paub txog neeg/tsiaj/dej/ntoo
short order cook	neeg ua noj ceev
stock clerk	tub txib hauv tsev kab xwm
supervisor	thawj saib xyuas neeg ua haujlwm
tailor	kws txiav ris tsho
teacher	xib fwb qhia ntawv
translator	neeg txhais lus
truck driver	neeg tsav tsheb thauj khoom
TV repair person	neeg kho lub txais duab
typist	kws ntaus ntawv
upholsterer	kws xaws rooj-tog
waiter	neeg rau zaub mov (txiv neej)
watchmaker	kws kho teev
welder	kws cam hlau
yard worker	neeg tu tiaj nyom
zoo keeper	neeg tu vaj yug tsiaj

UNIT 19
ABOUT SCHOOLS

ZAJ 19
HAIS TXOG TSEV KAWM NTAWV

Is there a school in this area?	Puas muaj tsev kawm ntawv nyob ze ib cheeb tsam ntawd?
What kind of school is it?	Yog hom tsev kawm ntawv twg?
-- It's an elementary school.	-- Yog tsev kawm ntawv theem pib.
-- It's a junior high/intermediate school.	-- Yog tsev kawm ntawv theem pib nqe siab.
-- It's a high school.	-- Yog tsev kawm ntawv theem nrab.
-- It's a nursery (school).	-- Yog tsev kawm ntawv nqe qis rau cov menyuam luv 6 xyoo.
-- It's a kindergarten.	-- Yog tsev kawm ntawv nqe siab rau cov menyuam luv 6 xyoo.
Is it a public school?	Nov puas yog lub tsev kawm ntawv dawb?
-- Yes, it is.	-- Yog, las mas.
-- No, it's a private school.	-- Tsis yog, yog lub tsev kawm ntawv ntiav.
-- No, it's a parochial school.	-- Tsis yog, yog tsev teev ntuj lub tsev kawm ntawv.
I would like to see the principal, please.	Kuv xav thov ntsib tus thawj saib xyuas tsev kawm ntawv.
I am anxious for my children to resume their schooling.	Kuv txhawj tsam kuv cov menyuam rov tsis tau kawm ntawv.
I would like to enroll them in school.	Kuv xav sau npe kawm ntawv rau kuv cov menyuam.
I would like to register my son Vue.	Kuv xav sau npe kawm ntawv rau kuv tus tub Vws.
Do I have to pay for the tuition?	Kuv puas yuav tau them nqi kawm?
He has attended school in Laos.	Nws twb tau kawm ntawv nyob Los Tsuas teb dua lawm.
He has had _______ years of school.	Nws twb tau kawm ntawv _______ xyoo(s) lawm.
This is his school record.	Nov yog daim ntawv qhia txog nws tej kev kawm ntawv.

What grade should he be in?	Nws yuav tau mus kawm nyob rau nqe twg?
He needs a lot of tutoring in English.	Nws yuav tsum tau kawm ntawv Askiv ntau ntxiv.
I would like to get acquainted with his teacher.	Kuv xav nrog nws tus xib fwb sib paub.
Vue was very good in math.	Vws kawm xam phaj tau zoo heev.
It will be some time before he is fully adjusted.	Yuav tau siv sijhawm me ntsis ua ntej nws yuav swm.
Are there school buses?	Cov nov puas yog tsheb loj thauj menyuam kawm ntawv?
Where should he wait for the bus?	Nws yuav tau tos tsheb loj nyob qhov twg?
What time should he be there?	Nws yuav tau tos tod thaum tsawg teev?
What about school supplies?	Ntawv sau, cwj mem ne?
Does the school provide them?	Tsev kawm ntawv puas muab ntawv sau, cwj mem pub rau menyuam kawm ntawv?
What school supplies do I have to buy for him?	Kuv yuav tau muas cov ntawv sau, cwj mem dabtsi rau nws?
Does he have to bring his lunch to school?	Nws puas yuav tau nqa su tuaj tom tsev kawm ntawv?
Does he have to pay for his lunch at school?	Nws puas yuav tau them nws cov nqi su tom tsev kawm ntawv?
Vue was absent yesterday because he was sick.	Nag hmo Vws tsis tuaj kawm ntawv vimtias nws tsis xis nyob.
Can the school help him learn more English?	Tsev kawm ntawv puas yuav pab qhia ntawv Askiv ntxiv rau nws?
I can help him with his homework assignments.	Kuv pab puas tau nws ua nws cov haujlwm tom tsev.
My children need to learn English. Can you recommend a textbook?	Kuv cov menyuam xa kawm ntawv Askiv. Koj pab qhia ib phau ntawv kawm rau kuv puas tau?
I would like to study more English. Can you help me?	Kuv xav kawm ntawv Askiv ntxiv. Koj pab kuv puas tau?
I would like to know more about the school system in the U.S. Can you help me?	Kuv xav paub ntxiv txog txoj kab ke kawm ntawv nyob hauv Asmesliv-kas teb. Koj pab kuv puas tau?
I will appreciate very much any help you can give my children in school.	Kuv yuav nco koj txiaj ntsig ntau ntawm koj pab kuv cov menyuam hauv tsev kawm ntawv.
I would like to know how my child-ren are doing in school.	Kuv xav paub saib kuv cov menyuam kawm ntawv licas hauv tsev kawm ntawv.

Useful Terms (Cov Lus Zoo Siv):

pen	cwj mem kua	eraser	lub tua kua cwj mem
pencil	cwj mem qhuav	paper	daim ntawv

About Schools ...

book/textbook	phau ntawv nyeem
notebook	phau ntawv sau
bookbag	hnab rau ntawv
principal	thawj saib tsev kawm ntawv
teacher	xib fwb
student	neeg kawm ntawv
classmate	phooj ywg kawm ntawv ua ke
friend	phooj ywg
classroom	chav tsev kawm ntawv
laboratory	chav xyaum tov tshuaj
lunchroom	chav noj sus
holiday	hnub so haujlwm
recess	so ua si
lunch recess	so noj sus
class schedule	caij faib qhia
class	chav kawm ntawv
notice	daim ntawv ceeb toom
grade	nqe kawm
school district	tsev kawm ntawv ntawm ib cheeb tsam
P.T.A.	koom haum niam-txiv thiab xib fwb
P.T.A. meeting	kev sib ntsib ntawm niam-txiv thiab xib fwb
lunchbox	thawv ntim sus
ruler	tus pas ntsuas
colored pencils	cov cwj mem kua kob
colored crayons	cov cwj mem kob qhuav
chalk	cwj mem av dawb
ink	kua cwj mem
library	chav tsev khaws ntawv
principal's office	thawj saib xyuas tsev kawm ntawv chaw ua haujlwm
registrar's office	chav sau npe kawm ntawv
athletic field	tiaj xyaum tes taw
playground	tiaj ua si
subject	hom kawm
test/examination	kev sib tw kev txawj
semester	nqe kawm rau hli
school term	caij kawm ntawv
summer vacation	caij so thaum lub caij sov
report card	daim ntawv qhia txog kev kawm
good grades	cov nqe zoo
bad grades	cov nqe phem
attendance	kev mus kawm
course	hom kawm
credit	hom kawm tiav
graduation	kev tiav kev kawm ntawv
day care center	chaw zov me-nyuam
first grade	thawj nqe
second grade	nqe ob
third grade	nqe peb
fourth grade	nqe plaub
fifth grade	nqe tsib
sixth grade	nqe rau
seventh grade	nqe xya
eighth grade	nqe yim
ninth grade	nqe cuaj
tenth grade	nqe kaum
eleventh grade	nqe kaum ib
twelfth grade	nqe kaum ob

USEFUL WORDLIST

HMONG-ENGLISH

A

Hmong	English
ASKIV	English
AUB NCAUG	Saliva
AV	Ground
AV LIAJ/AV TEB	Soil

C

Hmong	English
CAB NYOB HAUV PLAB	Parasite
CAI TEEV NTUJ/ DAB QHUAS	Religion
CAIJ COJ KHAUB NCAWS	Period
CAIJ MUAJ XWM	Event
CAIJ NO	Winter
CAIJ NPLOOJ NTOOS HLAV	Spring
CAIJ NPLOOJ NTOOS ZEEG	Autumn, fall
CAIJ SAWV NTXOV	Morning
CAIJ SO	Recess
CAIJ SO HAUJLWM	Vacation
CAIJ SO KAWM NTAWV	Vacation
CAIJ SOV	Summer
CAIJ TAV SU	Afternoon, noon
CAIJ TSAUS NTUJ	Evening
CAIJ TSHEB	Ride
CAIS SIJHAWM	Schedule
CAJ DAB	Neck
CAJ NPAB	Arm
CAW	Invite
CAWV NTSIM	Alcohol, liquor
CAWV QAB ZIB	Wine
CEEB	Surprise
CEEB TOOM	State, warn
CEEV	Fast, quick; quick
CEEV (tsho ceev)	Tight
CEEV FAJ	Careful
CEEV FAJ TSAM MUAJ XWM	Danger
CEEV HEEV	Emergency
CES KAUM	Corner
CEV NQAIJ	Skin
CEV TAWV NQAIJ	Body
CHAIS PLAUB	Shave
CHAV	Room
CHAV DA DEJ	Bathroom
CHAV KAWM NTAWV	Classroom
CHAV LOJ	Hall
CHAV PW	Bedroom
CHAV RAU KHOOM	Locker room
CHAV TAWM ROOJ	Restroom
CHAV TXAIS QHUA	Living room
CHAV XYAUM TES TAW	Gymnasium
CHAV ZAUM TOS	Waiting room
CHAW	Place, position
CHAW KHO MOB	Clinic
CHAW MUAG KAV FES	Cafeteria
CHAW MUAG ROJ TSHEB	Gas station
CHAW NOJ MOV	Dining room
CHAW NRES NKOJ	Port

CHAW NRES TSHEB	Parking
CHAW NRES TSHEB CIAV HLAU	Railroad station
CHAW NRES TSHEB NTIAV LOJ	Bus station
CHAW NYOB	Address, post
CHAW NYOB (tsev)	Home
CHAW NYOB NRAUM QAUM TSEV	Patio
CHAW PIB	Ground
CHAW RAU TSHEB	Garage
CHAW SIM TOV TSHUAJ	Laboratory
CHAW TIAJ NRES TOS TSHEB	Platform
CHAW TOS TSHEB NTIAV LOJ	Bus stop
CHAW TU MENYUAM NTSUAG	Orphanage
CHAW UA HAUJLWM	Agency
CHAW UA SI	Playground
CHAW XYAUM MUS KEV	Parade
CHAW ZAUM	Seat
CHAW ZAUM HAUV TSHEB NTSIA YEEB YAM	Drive-in movie
CHEB	Clean
CHEEB TSAM	Area
CHIJ	Flag
CHIM (tsis txaus siab)	Upset
CHIM (siab phem)	Angry
CHOJ	Bridge
CHWV	Touch
CI (hnub ci)	Bright, shine
CIA	Let
CIA QIV/TXAIS	Lend
CIAJ NTSWJ	Wrench
CIAM TEB KAV	District
CIM	Sign
CO	Shake
CO (tswb)	Ring
CO CEV RAWS SUAB KWV TXHIAJ	Dance
COG	Plant
COG LUS	Promise
COJ KEV	Guide
COJ UA	Lead
COOB	Many
COV HLUAS	Youth
COV MENYUAM KHAWM NTSIA TES TSHO	Cuff links
COV NEEG KHAWB QHOV NYIAJ/KUB	Miner
COV NYUJTWM	Cattle
COV TSAM	Benefit
COV UA TAU	Quantity
CUA	Air, wind
CUA KUB	Heat
CUA TXIAS	Air-conditioning
CUAB YEEJ CUAB TAM	Heritage
CUAG	Reach
CUAJ HLIS NTUJ	September
CWJ MEM AV DAWB	Chalk
CWJ MEM KUA	Pen
CWJ MEM QHUAV	Pencil
CWS	Shrimp
CWS HOM LOJ	Lobster

D

DA DEJ SAUM TUS KAV HLAU	Shower
DAB NEEG	Story
DAB NTXUAV MUAG	Sink
DAB NTXUAV TAIS DIAV	Kitchen sink
DAG	Lie
DAI	Hang

DAIM	Piece
DAIM DUAB	Picture
DAIM KAWLUS (kas xev)	Tape
DAIM LO NQI	Label
DAIM MENYUAM NTAWV TXHAV	Card
DAIM NPOG	Cover
DAIM NQI XA NTAWV	Stamp
DAIM NTAUB NPOG XWB PWG	Shawl
DAIM NTAWV	Paper
DAIM NTAWV HLA CIAM TEB	Passport
DAIM NTAWV MUAS TSHUAJ	Prescription
DAIM NTAWV NTAUB	Sheet
DAIM NTAWV NYIAJ	Money order
DAIM NTAWV QHIA	Report card
DAIM NTAWV QHIA COV HAUJLWM UA LOS	Report
DAIM NTAWV QHIA KEV TXAWJ	Resume
DAIM NTAWV QHIA KEV/ROOB HAV	Map
DAIM NTAWV SAU NPE	List
DAIM NTAWV SIB COG LUS	Contract
DAIM NTAWV TXAIS KHOOM	Receipt
DAIM PAM PUA HAUV QAB	Box spring
DAIM PHAJ KWV TXHIAJ	Record
DAIM PIB	Ticket
DAIM PIB MUS	One-way ticket
DAIM PIB MUS THIAB LOS	Roundtrip ticket
DAIM RUB TAWM	Drawer
DAIM TIAB HNAV PW	Slip

DAJ	Yellow
DAUSLAS (nyiaj dauslas)	Dollar
DAV	Large, wide
DAV HLAU	Plane
DAV HLAU KIV TSHUAB	Helicopter
DAV NTXIV	Spread
DAW NTSEV	Bitter
DAWB	White
DAWB (tau dawb)	Free
DAWB PAUG	Blank
DEB	Away, far
DEJ	Water
DEJ HIAV TXWV	Ocean, sea
DEJ KHOV	Ice
DEJ NAG	Rainfall
DEJ NYAB	Flood
DEJ SIV NTXUAV KUA KOB	Turpentine
DEV	Dog
DHAU	Cross, pass
DHIA	Jump
DHIA DEJ	Dive
DHIA SIAB	High jump
DIB	Cucumber
DIB DEJ	Watermelon, melon
DIB PAG QAB ZIB	Honeydew melon
DIB TXAIG	Bitter melon
DIB TXAIG	Cantaloupe
DIG MUAG	Blind
DOS	Onion
DOS NTSUAB	Green onion
DU	Clean
DUA	Again, pass
DUAB UA ZOG	Film
DUAV	Waist

DUB Black

F

FAIB Divide

FAUS Bury

FEEB Minute

FIJ DAV HLAU YA Flight

FUB Jar

FWJ TXOB Black pepper

FWS Perspiration

H

HAIS Say

HAIS IB TUG NTAWV ZUJ ZUS Spell

HAIS KWV TXHIAJ Sing

HAIS LUS Speak

HAIS NQI Bargain

HAIS RAWS Refer

HAIS TAWM Propose

HAIS TIAG Frank, sincere

HAIS TXOG Mention

HAIV NEEG Citizenship, nationality, race

HAUJLWM Job

HAUJLWM HAUV TSEV (cov hauj-lwm lub tsev kawm ntawv muab los) Homework

HAUJLWM HAUV TSEV Housework

HAUJLWM TSIS KHIAV Freeze

HAUJSAM Monk

HAUM Fit

HAUM NKAUS Exact

HAUS Drink

HAUV CAUG Knee

HAUV NRUAB NRAB Between, middle

HAUV PLAWV Center

HAUV QAB Bottom, down, under

HAUV SIAB Chest

HAV ZOOV Jungle

HEEV TAS ZOG Terrible

HLA Cross, pass

HLAB SE Sash

HLAU Metal

HLI Moon

HLI NTUJ Month

HLOB (menyuam hlob) Grow

HLOOV Change, replace

HLOOV MUS Transfer

HLOOV UA Become

HLOOV UA LWM YAM Convert

HLUA KHAU Shoestring

HLUAS Young

HLUAV TAWS Fire

HLUAV TAWS XOB Electricity

HLUB Love

HLWB Mind

HMO NTUJ Night

HMOO Chance

HMOOV Powder

HMOOV NPLEJ Flour

HMOOV NTXHUA KHAUB NCAWS Starch

HMOOV POB KWS Cornstarch

HNAB Bag, case

HNAB HAUV NCOO Pillowcase

HNAB LOOJ TES Glove

HNAB NQA TAUG KEV Baggage

HNAB POJ NIAM Purse

HNAB RAU NTAWV Bookbag

HNAB TAWV ME (txiv neej li) Wallet

HNAB TAWV RAU KHAUB NCAWS	Suitcase
HNAB TSHOS	Pocket
HNAV	Wear
HNIA	Kiss
HNIAV (ib tug)	Tooth
HNOOS	Cough
HNOV	Hear
HNOV NTXHIAB	Smell
HNUB	Day
HNUB IB	Monday
HNUB NO	Today
HNUB NYOOG	Age
HNUB OB	Tuesday
HNUB PEB	Wednesday
HNUB PLAUB.	Thursday
HNUB QUB	Star
HNUB RAU	Saturday
HNUB SO HAUJ-LWM	Holiday
HNUB TIM	Date
HNUB TSIB	Friday
HNUB XYA	Sunday
HNYAV	Heavy
HNYUV	Intestine
HOM	Item, type, sort, kind; section
HOM CIA NTSIA	Pattern
HOM DAV HLAU	Airline
HOM HAUJLWM	Occupation, profession
HOM KAB KE	Method, system
HOM KAWM	Trade
HOM KEV CAI THAUM UB	Tradition
HOM KHOOM	Quality
HOM KUB HNYIAB TAU ZOO	Combustible
HOM LOJ ME	Size
HOM LUS HAIS	Dialect
HOM NIAJ HNUB UA	Common
HOM QHIA HAUV TSEV KAWM NTAWV	Curriculum
HOM SIB TW	Game
HOM TAU LOS	Profit
HOM TAU TSAM	Advantage
HOM TAU UA DHAU LOS	Experience
HOM TSHIAB	Modern
HOM UA KUA	Fluid, liquid
HU	Call
HUAB	Cloud, fog
HUAB CUA	Weather
HUAB TAIS NTUJ	God
HUV	Clean

<u>I</u>

IB _______ NTXIV	Another
IB (ib ntawm phab ntsa)	Lean
IB CO	Amount, part, quantity
IB HLIS NTUJ	January
IB HOM	Each
IB HOM TXIV LAUM HUAB XEEB	Peas
IB HOM ZAUB ZOO LI DOS	Leek
IB NPAB (0.91 mev)	Yard
IB NPIB TOOJ (ib xee)	Cent
IB NRAB	Average, half
IB NTAWM PLAUB	Quarter
IB NTI	Inch
IB NTUS	Term
IB PAB	Team
IB RUAM	Step
IB THEEM	Step

IB TUG	Each
IB YAM	Also, each
IB ZAUG	Once

K

KAB HLA KEV	Crosswalk
KAB KEV	Court
KAB LUS	Phrase, sentence
KAB MOB	Disease, virus
KAB MOB DEV VWM	Rabies
KAB NTAUS HLAU	Steel
KAB NUV NTSES	Bait
KAB YOOV	Insect
KAUJ	Roll
KAUM HLI NTUJ	October
KAUM IB HLIS NTUJ	November
KAUM OB HLIS NTUJ	December
KAUS TAUM	Lima bean
KAUS TIV TSHAV-NAG	Umbrella
KAV FES	Coffee
KAV HLAU QHIB DEJ	Faucet
KAV HLAU TSHAU QHOV	Drill bit
KAV HLAU TXAIS XOV	Antenna
KAV KHOOB PLAWV	Pipe
KAV TEB CHAWS	Govern
KAW	Arrest; block, close, shut
KAWG	Last
KAWG NKAUS	Final
KAWM	Learn, study
KAWM NTAWV	Educate
KAWM TIAV	Graduate
KEM	Aisle; room
KEM CAUG	Kneel
KEM SEEM	Space
KEV	Way
KEV CAI LIJ CHOJ	Law
KEV CEEV	Speed
KEV DAG	Dishonest; lie
KEV HAIS KWV TXHIAJ	Concert
KEV HLOB	Growth
KEV HLOOV	Alteration
KEV KHIAV TAWM THAUM TSEV KUB NYHIAS	Fire escape
KEV KHO MOB	Treatment
KEV LOJ	Highway
KEV LOM ZEM	Amusement, fun
KEV LOS TXOG	Arrival
KEV LUV NQI	Discount
KEV MOB	Pain
KEV MOB KEV NKEES	Sickness
KEV MOB NKEES	Illness
KEV MOB RAWS POB TXHA	Arthritis
KEV MUAB RAU	Offer
KEV MUAG KHOOM	Sale
KEV MUAJ CAI TXAIS	Eligibility
KEV MUS XYUAS	Visit
KEV NCAJ NCEES	Justice
KEV NCIG ZOS	Beltway
KEV NCO TXOG	Memory
KEV NOJ NYIAJ TXIAG	Corruption
KEV NOJ QAB NYOB HUV	Health
KEV NPAJ	Preparation
KEV NQIS TES UA	Action
KEV NRHIAV NYIAJ TXIAG	Economy

KEV NRHIAV/ TSHAWB	Search
KEV NTAUS SIAB NTEV	Patience
KEV NTES	Capture
KEV NTSEEG	Trust
KEV NTSUAS	Evaluation, measure
KEV NTSUAS SOV/ NO	Degree
KEV NTXHUA KHAUB NCAWS	Laundry
KEV NTXHUA QHUAV	Dry-cleaning
KEV NYUAB SIAB	Trouble
KEV PAM TUAG	Funeral
KEV PIAV QHIA TXOG	Description
KEV PLOJ TUAG	Dead
KEV POOB HAUJLWM	Unemployment
KEV POOB SIAB	Shock
KEV PUAS	Damage
KEV PUAS SIAB PUAS NTSWS	Emotion
KEV PUB	Donation
KEV QHIA TAS NRHO	Detail
KEV QHIA UB NO	Information
KEV QHUAB QHIA	Orientation
KEV SAIB XYUAS	Control
KEV SAIB XYUAS (tu)	Care
KEV SAU NPE	Register
KEV SAU NPE CIA	Registration
KEV SIB NRAUS	Collision
KEV SIB NTAUS SIB TUA	Crime
KEV SIB NTSIB	Meeting
KEV SIB NUG MOO	Communication
KEV SIB SAU	Unity
KEV SIB SAU UA PAB-PAWG	Union
KEV SIB TSOO	Collision

KEV SIB TUA	Attack
KEV SIB TW	Race
KEV SIB ZE	Relation
KEV SIM	Test
KEV TAUG KEV	Trip, travel
KEV TAWM MUS TAUG KEV	Departure
KEV TEEM CAIJ SIB NTSIB	Appointment
KEV THAJ YEEB	Peace
KEV THAUJ XA	Transport
KEV THOV TXOG	Demand
KEV THUAM	Criticism
KEV TIAJ TUS	Peace
KEV TSHAIB NQHIS	Hunger
KEV TSHEB CIAV HLAU	Railroad
KEV TSIS SIB HAUM XEEB	Conflict
KEV TSIS TEB TSAWS CHAW	Migration
KEV TUAJ YEEM PAB DAWB	Voluntary
KEV TXHAWB	Support
KEV TXI DAB/NTUJ	Sacrifice
KEV TXIB HAUJLWM	Assignment
KEV UA DUA	Duplication
KEV UA HAUJLWM	Employment
KEV UA KOM PAUB POM	Identification
KEV UA KOM TSIS HAUM XEEB	Strike
KEV UA KOM TSIS MUAJ MENYUAM	Sterilization
KEV UA LAG LUAM	Business
KEV UA PA	Respiration
KEV UA YEEB YAM	Show
KEV XA KHOOM	Supply
KEV XAM PHAJ	Math
KEV XAV	Feeling

KEV XAV TAU	Demand
KEV XYUAM XIM	Attention, safety
KEV XYUAM XIM UA NTEJ	Prevention
KEV YUAV POJ NIAM NTAU	Polygamy
KEV YUG MENYUAM	Birth
KEV YWJ SIAB	Liberty
KEV ZOO NKAUJ	Beauty
KEV ZOO SIAB NROG	Congratulations
KHAUB NCAWS	Clothing
KHAUB RHUAB	Broom
KHAWB	Dig
KHAWB (khawb pob)	Scratch
KHAWS CIA	Keep, maintain, save
KHEEJ	Round
KHI	Tie
KHIAV	Run
KHIAV RAWS LWM TUS MUS	Elope
KHIAV TAWM	Escape, flee
KHIB (1-3-5)	Odd
KHO	Fix
KHO KOM HAUM	Adjust
KHO KOM RAUG	Correct
KHO KOM RAWS	Adapt
KHO KOM ZOO	Improve
KHO SIAB TSIS MUAJ TUS NROG NYOB	Lonely
KHOB	Cup
KHOB IAV	Glass
KHOOM	Object, thing
KHOOM NTIAV	Private
KHOOM PUB CIA SAIB DAB MUAG	Gift
KHOOM QAB ZIB	Dessert
KHOOM SAIB DAB MUAG	Present
KHOOM SIV	Material
KHOOM SIV (lauj kaub, tais diav)	Equipment
KHOOM SIV NTSUAS	Tape measure
KHUAM	Hang
KHWS LI	Seem
KIB	Fry
KIM	Expensive
KIS LAS	Sport
KIV TAUB HAU	Vertigo
KO TW	Tail
KOB	Color
KOOB HMOO	Luck
KOOB NPE NTO	Popular
KOOB NTSIA	Pin
KOOM HAUM NIAM-TXIV THIAB XIB FWB	P.T.A.
KOS MOM	Hat
KOS MOM CAWS PLIAJ	Cap
KOS POOS	Can
KUA CWJ MEM	Ink
KUA KOB	Paint
KUA MIS NYEEM QAUB	Yogurt
KUA NPLAUM	Glue
KUA TXIV NTOO	Juice
KUA TXOB	Pepper
KUA TXOB LIAB	Red pepper
KUA TXOB NTSUAB	Green pepper
KUB (dej kub)	Hot
KUB NYHIAB	Burn
KWS CAM HLAU	Welder
KWS CAWS PLAUB HAU	Hairdresser
KWS KE KEV UA VAJTSE	Architect

KWS KHO HLAUV TAWS XOB	Electrician
KWS KHO HNIAV	Dentist
KWS KHO KAV DEJ	Plumber
KWS KHO PLAWV	Cardiologist
KWS KHO QHOV MUAG	Ophthalmologist
KWS KHO TEEV	Watchmaker
KWS KHO TSHEB	Auto mechanic
KWS LUAM NTAWV	Printer
KWS NTAUS HLAU	Blacksmith
KWS NTAUS NTAWV	Typist
KWS PAUB IB YAM TWG ZOO	Specialist
KWS PHAIS NEEG	Surgeon
KWS TOV TSHUAJ	Druggist, pharmacist
KWS TSHUAJ	Doctor
KWS TXIAV PLAUB HAU	Barber
KWS TXIAV RIS TSHO	Tailor
KWS TXIAV TSOM QHOV MUAG	Optician
KWS UA KEV/UA CHOJ	Engineer
KWS UA NTSUAS PHOO	Locksmith
KWS UA VAJTSE	Carpenter
KWS XAWS NTAWV	Bookbinder
KWS XAWS RIS TSHO	Dressmaker
KWS YEES DAUB	Photographer
KWS YEES TSHUAB	Draftsman
KWV TIJ	Relatives
KWV TIJ NROG NIAM NROG TXIV	Half brother
KWV TXHIAJ	Song
KWV YEES	Guess
KWV YEES UA	Create
KWV YEES XAM	Estimate

L

LAB	Million
LAG LUAM VAJTSE AV	Real estate
LAG NTSEG	Deaf
LAJ KAB	Fence
LAJ KAB RAWS KEV LOJ	Turnpike
LAM FWJ	Bottle
LAU QAIB	Rooster
LAUJ KAUB	Pan, sauce pan
LAUJ KAUB KAV FES	Coffeepot
LAUJ KAUB RAU CES	Teapot
LAUJ KAUB RHAUB DEJ	Kettle
LAUS	Old
LEEB NKAUB	Parrot
LEEG	Tendon
LEEJ MUAM (tsis tau muaj txiv)	Miss
LEM	Turn
LI NTAWM	About
LIAB	Red
LIAB DAWB MUAG	Pink
LIAJ TEB	Farm
LICAS	How
LO LUS	Word
LO LUS NTSUAS CIA	Fact
LO PHEM	Dirty
LOJ	Great
LOJ DAV	Huge
LOJ LEEB	Wild
LOM ZEM	Funny, pleasant
LOS (los neeg)	Bury
LOS (los tsev)	Come
LOS NAG	Rain

LOS TXOG	Arrive
LOV	Break
LOV TES TAW	Disable
LUAG	Laugh
LUAG HAUJLWM	Goal, plan
LUAG NTXHI	Smile
LUAG TUG	Private
LUAM NTAWV	Publish
LUAM RIS TSHO	Iron
LUAM TAW NTOG	Slide
LUB ________ RHAIS NTAWM TXOJ NTAUB VAS CAJ DAB	Bow tie
LUB CAIJ	Moment, period, term
LUB CEV	Form, shape
LUB HAUV PAUS XEEV TEB	Capital
LUB HNUB	Sun
LUB LOG	Wheel
LUB MLOOG POB NTSEG	Headphone
LUB NEEJ	Life
LUB NEEJ DHAU LOS	History
LUB NEEJ YAV TOM NTEJ	Future
LUB PLAWV	Heart
LUB PLAWV ZOS	Downtown
LUB QE	Egg
LUB SO TAWM	Eraser
LUB TAIS	Bowl
LUB TEEV COJ	Watch
LUB TEEV DAI/ TXAWB	Clock
LUB TXAIS DUAB UA ZOG (thi vi)	Television
LUB VAJ YUG TSIAJ	Zoo
LUB YEES DUAB	Camera
LUB ZOG	Energy, force
LUB ZOG TXOJ CAI	Power
LUJ KEV HNYAV	Weigh
LUS CEEB TOOM	Notice, statement
LUS HAIS	Language
LUS HAIS KOM UA RAWS	Order
LUS HAIS TSEG CIA	Massage
LUS NTUAS	Advice
LUS NUG	Question
LUS QHIA TSIS TAU	Secret
LUS QHIA TXOG	Instruction
LUS ROV	Opposite
LUS THOV TXOG/ FIV YEEM	Prayer
LUS TXIAV TXIM	Sentence
LUV	Short
LUV LUV	Brief
LUV NQI	Discount, special
LWJ	Melt

M

MAIS (1.61 kis laus mev)	Mile
MAJ	Express; hurry
ME	Little, small, minor
ME NTSIS	Some
MENYUAM (ib tug)	Child
MENYUAM (ntau tus)	Children
MENYUAM DEJ	Creek
MENYUAM KAWM NTAWV	Pupil
MENYUAM MIV	Kitten
MENYUAM NTSUAG	Orphan
MENYUAM ROJ HMAB	Doll
MIS NYUJ	Milk

MIS NYUJ KHOV	Ice cream
MIV	Cat
MLOOG	Listen
MLOOG TUS HLOB	Obey
MLUAS	Calm
MOB	Hurt, sick, sore
MOB HNIAV	Toothache
MOB NTSWS	Tuberculosis
MOB NTSWS TXHAM DEJ	Pneumonia
MOB PLAB	Stomachache
MOB RAWS NTAWM TEJ POB TXHA SIB TXUAS	Rheumatism
MOB RWJ HAUV PLAB QUA	Ulcer
MOB TAUB HAU	Headache
MOB UA PA TSIS NTO	Asthma
MOB ZAWV PLAB	Diarrhea
MOS	Young
MOS LWJ	Deer
MOS LWJ HOM LOJ	Elk
MOS TXWV	Bullet
MOV NPLAUM	Glutinous rice
MUAB	Take
MUAB CIA	Put
MUAB PAB	Provide
MUAB PUB	Offer
MUAB RAU	Give
MUAB TSO	Put
MUAG	Sell; smooth
MUAG NTEEV	Gentle
MUAJ	Have
MUAJ CAI	Reasonable
MUAJ CAI SAIB XYUAS	Responsible
MUAJ CAI TXAIS	Eligible
MUAJ KAUM OB	Dozen
MUAJ KOOB NPE	Famous
MUAJ LAJ LIM PLAB PLAW	Awake
MUAJ NYIAJ/NPLUA NWJ	Wealthy
MUAJ 0.47 LIV	Pint
MUAJ PLUAJ SIAB ZOO	Goodwill
MUAJ ROOJ TOG TXAJ CHAWS NROG	Furnish
MUAJ SIAB HLUB NEEG TXOM NYEM	Humanitarian
MUAJ TIAG	True
MUAJ TSWV YIM UA TAU	Capable
MUAJ TXIM TXHAUM	Guilty
MUAJ XWM	Happen
MUAJ XWM (sib tsoo)	Accident
MUAJ ZOG	Strong
MUAS	Buy, purchase
MUS	Go
MUS NKAG NROG	Attend
MUS TAW	Walk

N

NAB	Snake
NAG HMO	Yesterday
NAJ NPAWB	Number
NAJ NPAWB CIA/ TXAIS NYIAJ	Account
NAS TSUAG NTAUS TUS	Mouse
NCAIM	Separate
NCAJ	True
NCAJ (siab ncaj)	Honest
NCAWS	Kick
NCE NTOO	Climb
NCE NTXIV	Raise
NCE RAU NTAWM	Depend

NCE RAU NTAWM YUS	Independence
NCEB	Mushroom
NCEJ	Post
NCEJ QAB	Thigh
NCIG	Around
NCIG VAJ VOOG	Circle
NCO	Miss
NCO TAU	Recognize, remember
NCO TEB CHAWS	Homesick
NCO TXIAJ NTSIS	Appreciate
NEEG	Citizen, person
NEEG ASMESLIVKAS	American
NEEG CEEV XWM	Police officer
NEEG HAIS PLAUB NTUG	Attorney, lawyer
NEEG KHAWS NTAUB NTAWV NYIAJ TXIAG	Accountant
NEEG KHAWS NTAWV	Bookkeeper
NEEG KHAWS NYIAJ	Cashier
NEEG KHIAV TSHUAB	Operator
NEEG KHO MENYUAM YAUS	Pediatrician
NEEG KHO MOB	Physician
NEEG KHO POJ NIAM COV KAB MOB	Gynecologist
NEEG LAUS	Adult
NEEG MOB	Patient
NEEG MUAG KHOOM	Clerk
NEEG NQA KHOOM	Porter
NEEG NROG CAIJ	Passenger
NEEG NTAUS NTAWV	Clerk typist
NEEG NTXHUA KHAUB NCAWS	Laundryman
NEEG NYOB COOB UA KE	Crowd
NEEG NYOB NTAWM IB THAJ CHAW TWG	Resident
NEEG NYOB TSEV NTIAV	Tenant
NEEG PAJ HLWB QEEB	Idiot
NEEG PEJ XEEM	Civilian
NEEG PHEM NTAWM NTUG DEJ	Pirate
NEEG SAU NPE KAWM NTAWV	Registrar
NEEG TAUG KEV	Pedestrian
NEEG THOJ NAM	Immigrant
NEEG TOJ SIAB	Highlander
NEEG TSAV NKOJ	Sailor
NEEG TSAV TSHEB	Driver, chauffeur
NEEG TSAV TSHEB NTIAV LOJ	Bus driver
NEEG TSAV TSHEB TAV XIS	Cab driver
NEEG TU TIAJ NYOM	Yardman
NEEG TU VAJTSE	Housekeeper, janitor
NEEG TUA TSIAJ	Butcher
NEEG TXAWV TEB CHAWS	Alien
NEEG TXHAB DEJ CAW	Bartender
NEEG TXHAIS LUS	Interpreter, translator
NEEG UA LIAJ TEB	Farmer
NEEG UA MOV CI	Baker
NEEG UA NOJ	Cook
NEEG UA ZAUB MOV HAUV TSEV KHO MOB	Dietitian
NEEG XA KHOOM	Delivery man
NEEG XA XOV	Liaison person, messenger
NEEG XAWS ROOJ-TOG	Upholsterer
NEEG XYUAS NEEG MOB	Nurse
NEEG XYUAS PIB	Conductor

NEEG ZEJ ZOS	Neighbor
NEEG ZOV MENYUAM	Babysitter
NEEG ZOV QHOV ROOJ	Guard
NEES	Horse
NIAJ HNUB	Every day
NIAM	Mother
NIAM NTXAWM	Aunt
NIAM POG	Grandmother
NIAM QHUAV TXIV QHUAV	Sponsor
NIAM TAIS	Mother-in-law
NIAM TSEV	Housewife
NIAM-TXIV	Parent
NKAG SIAB	Understand
NKAUM	Hide
NKAUS XWB	Only
NKAWG	Pair
NKAWM KHAU	Shoes
NKAWM KHAU KHIAB	Sandals
NKAWM KHAU LOOJ PLAB HLAUB	Boots
NKAWM KHAU NTAUB	Sneakers
NKAWM KHAU SAB NRAUD	Overshoes
NKAWM VUAM TXWJ	Socks
NKEES	Tired
NKHAUS	Curve
NKOJ	Boat, ship
NKUAJ	Cage
NO	Cold
NO TSHEE	Shiver
NOJ	Eat
NOJ QAB NYOB ZOO	Fine
NOJ TSIAB	Celebrate
NOOB	Grain, seed
NOOB HNAV	Sesame
NOOG	Bird
NPAJ SIA UA	Risk
NPAU SUAV	Dream
NPAV LUS	Promise
NPAWG	Cousin
NPE	Name
NPE MENYUAM YAUS	Nickname, surname
NPE TSEV MUAG KHOOM	Five and ten store
NPIB IB XEE	Penny
NPIB KAUM XEE	Dime
NPIB TSIB XEE	Nickel
NPIB NEES NKAUM TSIB	Quarter
NPLAIG	Tongue
NPLOOJ NTOOS	Leaf
NPOG	Cover
NPOJ POB	Ball
NPOO TSEV	Floor
NPUA	Pig
NPUAJ TEG	Applaud
NQA	Bring, carry
NQAIJ	Meat
NQAIJ HAUV DEJ HIAV TXWV	Seafood
NQAIJ MENYUAM NYUJ	Veal
NQAIJ NCEJ QAB	Ham
NQAIJ NPUAS	Pork
NQAIJ NYUG	Beef
NQAIM	Narrow
NQE	Chapter, section; degree; grade
NQE KAWM	Course
NQE KAWM RAU HLI	Semester
NQE LAUJ	Hook
NQHIS DEJ	Thirsty
NQI	Price, value

NQI CAIJ TSHEB	Fare
NQI KAWM NTAWV	Tuition
NQI NTIAV TSEV NYOB	Rent
NQI THEM KEV TXHAWJ XEEB	Insurance
NQI XA NTAWV	Postage
NQIS TES UA	Process
NQOS	Swallow
NQUS TSEV	Vacuum cleaner
NRAIM	Hide
NRAM QAB	Below
NRHIAV	Explore, find, seek
NRHIAV KEV SIB PAUB	Acquaint
NRHIAV POM	Discover
NRHIAV/TSHAWB	Search
NROG	Include; with
NROG UA	Cooperate
NROV (hais lus nrov)	Aloud
NROV (suab nrov)	Loud
NRUAB QAUM	Back
NRUAS	Drum
NTAB SAUM DEJ	Float
NTAU	Lots, many, much, several
NTAU DUA	More
NTAUB	Fabric, linen
NTAUB CEEV ZIS	Diaper
NTAUB NPOG QHOV RAI	Curtain
NTAUB NTAWV	Document
NTAUB PLAUB TSIAJ	Wool
NTAUB PUA CHAW	Bedspread
NTAUB PUA ROOJ	Tablecloth
NTAUB PUA TAW ROOJ	Rug

NTAUB PUA TSEV	Carpet
NTAUB QHWV TES TAW	Bandage
NTAUB SO TAIS DIAV	Dishtowel
NTAUB XO	Silk
NTAUS	Beat, hit
NTAUS KEV PHOOJ YWG	Acquaint
NTAUS NQI	Prize
NTAUS NTAWV	Type
NTAUS POB TES-NIV	Tennis
NTAUS TSWV YIM UA YAM TSHIAB	Invent
NTAWM	Within
NTAWM IB PUAS	Percent
NTAWM IB SAB	Next
NTAWV SO QHOV NCAUJ	Napkin
NTAWV TXHUAM NTOO	Sandpaper
NTES	Arrest
NTEV	Long
NTIAJ TEB	Earth, world
NTIAV	Rent
NTIAV (dej ntiav)	Shallow
NTIAV NYOB	Lease
NTIV NPLHAIB	Ring
NTIV TAW XOO	Toe
NTIV TES	Finger
NTOG	Fall
NTOO	Wood
NTSE (neeg ntse)	Bright, smart, wise, intelligent
NTSE (riam ntse)	Sharp
NTSEEG	Believe
NTSEJ MUAG	Face
NTSES	Fish

NTSES DEJ TSUAG	Trout
NTSES PAS THU	Codfish
NTSES PAS THUS HOM LOJ	Tunafish
NTSES XAS DIS	Sardine
NTSEV	Salt
NTSHAI	Fear, afraid
NTSHAV	Blood
NTSHAV LOS/TAWM	Bleed
NTSHIAB	Clear
NTSIA	Look, watch
NTSIA (ntsia pob kws)	Seed
NTSIA LIAJ QHOV ROOJ	Bolt
NTSIA POM	View
NTSIA SAU	Copy
NTSIA THAWV	Nail
NTSIA THAWV NTSWJ	Screw
NTSIAB LUS HAIS CIA	Purpose
NTSIAB LUS SAU HAIS TXOG	Subject
NTSIAB LUS UA RAWS	Policy
NTSIAG TO	Calm, quiet
NTSIAV	Grain
NTSIB	Meet
NTSIS NTSE	Edge
NTSUAB	Green
NTSUAG XYOOB	Bamboo shoot
NTUAS	Urge
NTUAV	Vomit
NTUB DEJ	Wet
NTUG	End
NTUG DEJ HIAV TXWV	Coast
NTUJ	Sky
NTUS KEV	Distance

NTXEEV	Reverse
NTXHAIS	Daughter, girl
NTXHAIS TSHIAB	Stepdaughter
NTXHAIS XEEB NTXWV	Niece
NTXHIAB	Odor, smell
NTXHUA	Wash
NTXHUA KHAUB NCAWS	Launder
NTXHW	Elephant
NTXIM NYIAM	Gracious
NTXIM YUAV TAU	Possible
NTXIV	Again, extra, further
NTXIV MUS	Continue
NTXIV RAU	Add, plus
NTXIV RAU KOM PUV	Fill
NTXOV	Early
NTXUAG	Include
NTXUAV	Wash
NTXUAV DUAB	Develop
NTXUB	Hate
NUG	Ask
NUG XYUAS	Investigate
NUV LOS TUAV TES NUG KEV NYOB ZOO	Greet
NYEEM (av nyeem)	Thick
NYHAV IB TOOS	Ton
NYHAV NPAUM LI 28.35 KAS LAS	Ounce
NYIAG	Steal, rob
NYIAG MENYUAM	Kidnap
NYIAJ	Cash, money
NYIAJ (npib)	Silver
NYIAJ HLI	Salary
NYIAJ NPIB	Coin
NYIAJ NPIB NYIAJ CHOJ	Silverware

NYIAJ NTXIV	Change
NYIAJ TSAM NTXIV	Interest
NYIAJ TSO UA NTEJ	Deposit
NYIAJ-KUB	Jewelry
NYIAM	Like
NYIAS	Thin
NYOB	Live, stay; locate
NYOB NTAWM	Depend
NYOB NTEV	Permanent
NYOB TWJ YWM	Calm
NYOM	Grass
NYUAB	Difficult, hard
NYUAB SIB CHAB SIB CHAWS	Complicate
NYUJ	Cow

O

OB HLIS NTUJ	February
OB LEEG	Both
OB TOM	Double
OB ZAUG	Twice
OS	Duck
OS CAJ DAB NTEV	Goose

P

PA	Air
PA DEJ TEEV	Lake
PAB	Aid, assist, help, serve, support
PAB (pab nyuj twm)	Group
PAB NEEG	Mop
PAJ HLWB	Brain
PAJ NPLEG	Pudding
PAJ NTAUB	Embroidery
PAJ NTOOS	Flower
PAJ POB KWS	Popcorn
PAJ YEEB NTSHA	Purple
PAM PUA SAUM TOJ	Mattress
PAM VOV	Blanket
PAS DEJ	Dam
PAUB	Know
PAUB CAI	Gracious, polite
PAUB HAIS OB HOM LUS	Bilingual
PAUB TAU	Recognize
PAUB TXOG	Aware; knowledge
PAUS NTSIS	Cause
PAUV	Replace
PAWG	Group, mass
PAWG TUB ROG	Army
PAWG TUB ROG NRUAB NTUG	Air Force
PEB HLIS NTUJ	March
PEJ XEEM	People
PEJ XEEM HUAB HWM	Population
PEM HAUV NTEJ	Front
PHAB HNUB POOB	West
PHAB NTAWV	Page
PHAB NTSA	Wall
PHAB QUAM TEB	North
PHAIB	Card
PHAJ	Plate
PHAJ NQA ZAUB MOV	Tray
PHAJ TAIS DIAV	Dishes
PHAU MENYUAM NTAWV	Pamphlet
PHAU NTAWV MUAJ NPE TEJ CHAW UB NO	Directory
PHAU NTAWV NYEEM	Book, textbook
PHAU NTAWV SAU	Notebook
PHAU NTAWV TXHAIS LUS	Dictionary

PHEEJ YIG	Cheap
PHEM	Bad; ugly
PHOOJ YWG	Friend
PHOOJ YWG KAWM NTAWV UA KE	Classmate
PHOS	Pound
PHUA	Split
PHUAM KAUV CAJ DAB	Scarf
PHUAM SO CEV	Towel
PHUAM SO NTSWG	Handkerchief
PIAM THAJ	Sugar
PIB	Begin, start
PIV TXWV	Example
PIV XAM	Pretend
PLAB	Stomach
PLAB MOG	Abdomen
PLAM	Loose
PLAS	Owl
PLAUB	Four
PLAUB FAB SIB LUAG	Square
PLAUB FWJ TXWV	Mustache
PLAUB HAU	Hair
PLAUB HLIS NTUJ	April
PLAUB NOOG	Feather
PLEEV KUA KOB	Paint
PLHAUJ TAUB	Gourd
PLHAUJ TAUB NKAS LOOS (3.78 lam fwv)	Gallon
PLIG	Spirit
PLOJ	Loss
PLOJ LAWM	Loss
PLUA TSHAUV	Dust
PLUAG	Poor
PLUAS HMO	Dinner
PLUAS MOV	Meal
PLUAS SU	Lunch
PLUAS TSHAIS	Breakfast
POB	Box
POB KAB NTXAU	Pimple
POB KHOOM	Package
POB KWS	Corn
POB NTSEG	Ear
POB TAWB	Basket
POB TAWS	Ankle
POB TES	Wrist
POB TXHA	Bone
POB ZEB	Rock, stone
POG KOOB YAWG KOOB	Ancestor
POG YAWG	Grandparents
POJ HUAB TAIS	Queen
POJ NIAM	Female, woman, lady, wife
POJ NIAM NQA ZAUB MOV	Waitress
POM	See
POM TAWM	Appear
POM ZOO	Approve
POOB	Fail
POOB SIAB	Shock
POOB TAWG	Crush
POV	Throw
POV NTAWV	Vote
PUAB TSAIG	Jaw
PUB	Feed
PUB UA	Allow, permit
PUV	Full
PUV NKAUS	Complete
PW	Sleep

Q

QAB	Delicious
QAB LI VAS NI LAS	Vanilla

QAB LO	Appetite
QAB ZIB	Sweet
QAIB	Chicken
QAIB COV TXWV	Turkey
QAUB	Sour
QAUG ZOG	Weak
QAUV	Model
QAUV RIS TSHO	Dress form
QEEB	Late; slow
QHIA	Teach, tell
QHIA RAU	Recommend
QHIAV	Ginger
QHIB	Open
QHOV (lub qhov)	Hole
QHOV CHAW	Place
QHOV CHAW PIB	Base
QHOV CHAW TUAV HAUJLWM TSEEM CEEB	Headquarters
QHOV CUB NTE	Fireplace
QHOV HAUV QAB	Bottom
QHOV MUAG	Eye
QHOV NCAUJ	Mouth
QHOV NTEV	Length
QHOV NTSWG	Nose
QHOV NTXA	Grave
QHOV NYIAJ/KUB/ HLAU	Mineral
QHOV QA	Throat
QHOV QUAV TSHEB RAU KHOOM	Trunk
QHOV RAI	Window
QHOV ROOJ	Door
QHOV ROOJ KHIAV HLUAV TAWS	Fire exit
QHOV ROOJ LOJ	Porch
QHOV ROOJ NKAG	Entrance
QHOV ROOJ TAWM	Exit
QHOV TOD	There
QHOV TSHIJ	Well
QHOV TWG LOS TAU	Anywhere
QHOV YUAM KEV	Error
QHUA	Guest
QHUAB QHIA	Advise, recommend
QHUAV	Dry, empty
QHWS NTSEJ	Earring
QHWV	Cover
QIA DUB	Selfish
QIB	Level
QIJ	Garlic
QIS	Low, short
QIS POB TXHA	Sprain
QIV	Borrow
QOOB LOO	Product
QOS YAJ YWM	Potato
QOS YAJ YWM QAB ZIB	Sweet potato
QUB	Old
QUB ZAUB QUB MOV	Garbage
QW CEM	Protest
QW QUAJ	Scream
QWS-RAUJ	Tools

R

RAB CHAIS	Razor
RAB DIAV	Spoon
RAB DIAV KAV FES	Teaspoon
RAB KAW	Saw
RAB KOOB	Needle
RAB PHOM	Gun
RAB RAUJ	Hammer
RAB RAWG	Fork
RAB RAWG TAIS	Chopsticks
RAB RIAM	Knife
RAJ	Flute

RAU HLI NTUJ	June
RAU NQI	Prize
RAU NTXIV	Complete
RAU TXIM	Punish
RAUG LUS TSIS ZOO	Charge
RAUG MOB	Injure, wound
RAUG NPLUA	Charge
RAUG NQI	Cost
RAUG RAWS CAI	Legal
RAUG RAWS NTAUB NTAWV	Official
RAUG YOG	Right
RAUM	Kidney
RAWS	Chase
RAWS QAB	Follow; pursuit
RAWS TSIAJ	Hunt
RHO	Withdraw
RHO MENYUAM TAWM	Abortion
RHUAV	Ruin, destroy
RIAM PHOM	Weapon
RIAM-TXUAS	Tools
RIS CEG LUV	Bermuda shorts
RIS HNAV	Pants, trousers
RIS NTAUB TXHAV	Jeans
RIS TSHO	Cloth
RIS TSHO HNAV PW	Pajamas
RIS TSHO HNAV UA ZAM	Dress
RIS TSHO LOJ	Suit
RIS TSHO SAB HAUV	Underwear
RIS TSHO UA TEJ CE	Pantsuit
ROG	Fat
ROG DHAU HWV LAWM	Overweight
ROJ	Oil
ROJ AV	Gasoline
ROJ EJXAS	Fuel
ROJ HMAB	Rubber
ROJ ZEB NTSUAM	Gas
ROOB	Mountain, hill
ROOB RIS	Crab
ROOJ	Table
ROOJ HAUJLWM	Program
ROOJ KAV FES	Coffee table
ROOJ NOJ MOV	Dining table
ROOJ SAIB XYUAS	Committee
ROOJ TOG TXAJ CHAWS	Furniture
ROOJ TSAV XWM SAIB XYUAS	Department
ROOJ TSEEM FWV KAV TEB CHAWS	Congress
ROOJ TXAWB TEEB	Vanity table
ROOJ UA KEV LOM ZEM	Orchestra
ROOJ VAG	Gate, post
ROOJ ZAUM	Chair
ROOJ ZAUM NTEV	Sofa
ROOJ ZAUM TIAG TES	Armchair
ROV MOB DUA	Relapse
ROV QAB	Return
ROV QAB LOS	Come back
ROV UA DUA	React
ROV UA KOM MUAJ ZOG DUA	Reinforce
ROV UA TSO	Rehearse
RU TSEV	Roof
RUAJ	Firm
RUAM	Dumb, ridiculous
RUAM (tsis ntse)	Fool
RUAM TSIS PAUB QAB HAU	Stupid
RUB	Pull

RWB	Cotton
S	
SAB CEG	Leg
SAB HNUB TUAJ	East
SAB LAUG	Left
SAB NRAUM ZOOV	Exterior, outside
SAB NTEV	Length
SAB SAUM NPOO AV	Surface
SAB XIS	Right
SAI	Quick
SAI SAI NO (nyuam qhuav no)	Recent
SAIB	Watch
SAIB TSIS TAUS	Discriminate
SAJ	Taste
SAU	Write
SAU HOM LUJ TAU	Score
SAU NPE	Enroll
SAU YUAS	Endorse, sign
SAUM NTHAB	Attic
SAUM TOJ	Above
SAWV (tsim sawv)	Get up
SAWV CAJ DAB	Necklace
SAWV HLAU	Chain
SE (sau se)	Tax
SEEM	Rest
SIAB	High, tall
SIAB DAWB	Generous, gracious, kind
SIAB KAWG NKAUS	Top
SIAB LUV	Impatient
SIAB NKHAUS	Dishonest
SIAB NTEV	Patient
SIAB NTXIV	Rise
SIAB PHEM	Cruel
SIAB TAWV	Brave
SIAB TXIA NTSHAV	Cruel
SIB	Light
SIB FAIB	Share
SIB HAUM	Correspond
SIB HLOOV	Exchange
SIB KHO UA IB PAB	Organize
SIB NPAUG	Equal
SIB NTAUS SIB TUA	Fight
SIB NUG (sam phaj)	Interview
SIB PIV	Compare
SIB RAUG	Correspond
SIB SAU	Form, join
SIB SAU UA KE	Unite
SIB SAU UA KEV LOM ZEM	Party
SIB THAM	Discuss
SIB TOV	Mix
SIB TSHUAM UA KE	Merge
SIB TUA	Attack
SIB TW	Compete, race
SIB TXAWV	Vary
SIB TXUAM	Mix
SIB TXUAS	Join
SIB XYAWS	Mix
SIB YUAV	Marry
SIJHAWM	Occasion, time
SIJHAWM MAJ	Rush hour
SIJHAWM TSIS UA DABTSI	Spare time
SIM	Try
SIV	Use; spend
SIV TAWV	Belt
SO	Break, relax, rest
SOV	Warm
SUAB	Sound, voice

SUAB KWV TXHIAJ	Music
SUAB NROV	Noise
SUAB PUAM	Sand
SUAV (1-2-3)	Count
SWB	Defeat

T

TAG KIS	Tomorrow
TAM (hais/ua tam)	Represent
TAMSIM NTAWD	Sudden
TAMSIM	Present
TAMSIM NO	Now
TAS	End, finish
TAS DU LUG	Empty
TAS NRHO	All
TAS UB NO	General
TAS ZOG	Extreme
TAU	Gain
TAU LAWM	Ready
TAU NYIAJ	Earn
TAU TSAM	Profit
TAUB DAG	Pumpkin
TAUB HAU	Head
TAUG KEV	Travel
TAUJ DUB	Citronella
TAUM NTEV	String bean
TAUM PAUV	Soybean, bean sprout
TAV	Rib
TAW TES	Point
TAWB	Cage
TAWG	Break, broken; explode
TAWG UA TEJ PAB TEJ DAIM	Split
TAWM FWS	Perspire, sweat
TAWM HAUJLWM	Resign
TAWM HAUJLWM VIM TXOJ KEV LAUS	Retire
TAWM MUS	Leave
TAWM MUS CUAG	Outreach
TAWS TEEB	Light
TAWV	Hard
TAWV RUAJ	Solid
TE	Snow
TEB	Respond
TEB CHAWS	Country
TEB LUS	Answer
TEE	Drop
TEE DUB DUB	Period
TEEB CI	Light
TEEB MEEM	Problem
TEEB NYEM	Flashlight
TEEB TXAWB	Lamp
TEEV SIJHAWM	Hour
TEJ HOM	Some
TEJ LUB	Some
TEJ LUB CAIJ	Temporary
TEJ VUAG	Wave
TES TAW TUAG	Paralysis
TES TSHO	Sleeve
THAIV	Defend, protect
THAJ TSAM	Area
THAM	Talk
THAUM	During
THAUM IB TAG HMO	Midnight
THAUM UB	Before
THAWB	Push
THAWJ CEEV XWM	Sheriff
THAWJ KAV TEB CHAWS	President
THAWJ SAIB TSEV KAWM NTAWV	Principal
THAWJ SAIB XYUAS NEEG UA HAUJLWM	Foreman

THAWJ TSEV KAB XWM	Director
THAWV	Box
THEE	Coal
THEEM	Level
THEEM HAUV QAB	Basement, downstairs
THEEM PIB	Base
THEEM SAUM TOJ	Upstairs
THEM (nyiaj)	Pay
THEM COV NYIAJ TSHUAJ NQI	Reimburse
THIAB	And
THIM ROV QAB	Retreat
THOOB	Bucket
THOOB NTIAJ TEB	International
THOOJ	Piece
THOOJ AV	Land
THOOJ KUB	Gold
THOOJ NQAIJ LEEG	Muscle
THOV	Ask, pray
THOV HAWM	Hope, wish
THOV TXIM	Excuse, pardon
THOV ZAM TXIM	Apologize
TI	Narrow
TIAB	Skirt
TIAJ	Field
TIAJ NRAUM QAUM TSEV	Back yard
TIAJ TSHAV PUAM	Desert
TIAJ XYAUM TES TAW	Athletic field
TIAM NEEJ	Century
TIAMSIS	But
TIAV	Finish
TIAV LAWM	Ready
TIAV RAWS SIAB NYIAM	Succeed
TIB NEEG	Human

TIG	Turn
TIS (kooj tis)	Wing
TOB	Deep
TOG HAUV NCOO	Pillow
TOJ ROOB	Hill
TOM	Bite
TOM HAU NTEJ	Ahead
TOM NTEJ	Forward; next
TOM QAB	After, back, behind, last
TOS	Wait
TOTAUB	Understand
TSA KHOB HAUS FOOM KOOB HMOO	Toast
TSAB NTAWV	Letter
TSAB NTAWV HOM SAU NPE CIA	Registered mail
TSAB NTAWV XA NRUAB NTUG	Air letter
TSAB XOV NTAUS	Telegram
TSAUG ZOG	Asleep
TSAUS NTUJ	Dark
TSAV	Drive
TSAWG	Small
TSAWG DUA	Less
TSAWG KAWG NKAUS	Minimum
TSAWG ZUS	Decrease, reduce
TSEB	Spread
TSEEM CEEB	Important
TSEEM CEEB HEEV	Great
TSEEM FWV	Government
TSEEM FWV TUG	Public
TSEEM TSIS TAU KHOOM	Occupied
TSEEM TSIS TAU MUAJ TUS KOV	Pure
TSEG	Save
TSEV CIA NYIAJ	Bank

TSEV HAIS PLAUB NTUG	Court
TSEV HAUJSAM	Pagoda
TSEV KAB XWM	Agency, office
TSEV KAB XWM KAV ZOS	City hall
TSEV KAV XWM	Police station
TSEV KAW NEEG RAUG TXIM	Jail
TSEV KAWM NTAWV	School
TSEV KAWM NTAWV DAWB	Public school
TSEV KAWM NTAWV MENYUAM LUV 5 XYOOS	Nursery
TSEV KAWM NTAWV RAU COV LUV 6 XYOO	Kindergarten
TSEV KAWM NTAWV THEEM KAWG	University
TSEV KAWM NTAWV THEEM NRAB	High school
TSEV KAWM NTAWV THEEM PIB	Elementary school
TSEV KAWM NTAWV THEEM SIAB	College
TSEV KEM	Apartment
TSEV KHAWS NTAWV	Library
TSEV KHEEJ	House
TSEV KHO MOB	Hospital
TSEV KHW	Market
TSEV KHW LOJ	Supermarket
TSEV KHW TEEM CAIJ	Fair
TSEV LOJ	Building
TSEV LOJ MUAG KHOOM SIV	Department store
TSEV MOV	Kitchen
TSEV MUAG KHAU	Shoe store
TSEV MUAG KHOOM	Store
TSEV MUAG KHOOM PHEEJ YIG	Thrift shop
TSEV MUAG KHOOM UA TSEV	Hardware store
TSEV MUAG NTAWV NYEEM	Bookstore
TSEV MUAG TSHUAJ	Drugstore
TSEV MUAG ZAUB MOV	Grocery store
TSEV NEEG	Family, household
TSEV NOJ MOV (them nyiaj)	Restaurant
TSEV NOJ MOV RAWS QAUV	Delicatessen
TSEV NTIAV PW (hom loj)	Hotel
TSEV NTIAV PW (hom me)	Motel
TSEV NTSIA YEEB YAM	Movie theater
TSEV QHOV TAUB	Prison
TSEV TEEV NTUJ	Church
TSEV TEEV NTUJ LUB TSEV KAWM NTAWV	Parochial school
TSEV TSO NPIB NTXHUA KHAUB NCAWS	Laundromat
TSEV UA KHOOM UB NO	Company, factory, industry
TSEV UA YEEB YAM	Theater
TSEV XA NTAWV	Post office
TSHAIB PLAB	Hungry
TSHAIS	Move
TSHAJ	Exceed
TSHAJ PLAWS	Most
TSHAJ SIJHAWM	Overtime
TSHAJ XO	Advertize
TSHAJ XO TAWM	Declare
TSHAU QHOV	Drill
TSHAV	Field
TSHAV DAV HLAU	Airport
TSHAWB	Explore
TSHAWB XYUAS	Check, inspect

TSHEB	Car, automobile
TSHEB CIAV HLAU	Train
TSHEB MAUS TAUS	Motorcycle
TSHEB NOJ MOV	Dining car
TSHEB NTIAV LOJ	Bus
TSHEB TAV XIS	Cab, taxi
TSHEB THAUJ KHOOM	Truck
TSHEB THAUJ NEEG MOB	Ambulance
TSHEB TUAM (nees zab)	Bicycle
TSHEE	Shake
TSHEM TAWM	Delete
TSHIAB	New
TSHIAB (nqaij tshiab)	Fresh
TSHO	Shirt
TSHO HNAV NPOG CEV	Bathrobe
TSHO HNAV NYOB HAUV TSEV	Housecoat
TSHO HNAV TUAJ SAB NRAUD	Blouse
TSHO LOJ	Coat
TSHO NTAUB TIV NO	Sweater
TSHO TAWV TIV NO	Jacket
TSHO TIV NAG	Raincoat
TSHUAB DHOS	Lathe
TSHUAB NTXHUA KHAUB NCAWS	Washing machine
TSHUAB PA	Blow
TSHUAB TSHEB	Engine
TSHUAB TXIAV NYOM	Lawn mower
TSHUAB ZIAB KHAUB NCAWS	Dryer
TSHUAJ	Drug, medicine
TSHUAJ DIAS TAUB HAU	Aspirin
TSHUAJ HOM PLEEV	Ointment
TSHUAJ KHE MI	Chemical
TSHUAJ LOM	Poison
TSHUAJ LUB	Pill
TSHUAJ MUAJ ZOG	Vitamin
TSHUAJ NROJ	Herbal medicine
TSHUAJ NTSUAV TSEV	Detergent
TSHUAJ TXHUAM HNIAV	Toothpaste
TSHUAV NQI	Owe
TSIAJ-TXHU	Animal
TSIB HLIS NTUJ	May
TSIM (tsim ntawm dab ntub los)	Wake up
TSIM NEEJ	Settle
TSIS POM ZOO NROG	Object
TSIS CUS	Dull
TSIS DAG	Honest
TSIS DU	Rough
TSIS HAUM	Oversize
TSIS HNOV LUS	Dull
TSIS KAM TXAIS	Deny
TSIS KHOOM	Busy
TSIS MUAB SIAB RAU	Ignore
TSIS MUAJ MOB	Healthy
TSIS MUAJ NQI	Waste
TSIS MUAJ NROG	Exclude
TSIS MUAJ TSWV YIM UA TAU	Incapable
TSIS MUAJ TUS NROG NYOB	Alone
TSIS MUAJ TUS TWG	Nobody
TSIS MUAJ ZOG	Weak
TSIS NCAJ	Cheat
TSIS NCO	Forget

TSIS NCO QAB LAWM (tuag ib tsig)	Unconscious
TSIS NKAG SIAB	Misunderstand
TSIS NROG	Without
TSIS NTEV	Temporary
TSIS NTXUAG	Without
TSIS NYIAM	Dislike
TSIS NYIAM TSO DAG	Serious
TSIS NYUAB	Simple
TSIS PAUB CAI	Impolite, rude
TSIS PAUB NTAWV	Illiterate
TSIS POM ZOO (nyeem tsis tau)	Illegible
TSIS POM ZOO NROG	Oppose
TSIS PUB TUS TWG PAUB	Confidential
TSIS RAUG	Wrong
TSIS RAUG RAWS	Inappropriate
TSIS RAUG RAWS CAI	Illegal
TSIS RAUG ZOO	Imperfect
TSIS RUAJ	Loose
TSIS SAIB XYUAS	Careless
TSIS SIV NEEG (taus mas tiv)	Automatic
TSIS TAU RAWS SIAB NYIAM	Desperate
TSIS TSHAIS CHAW	Immobile
TSIS TSHUA MUAJ	Rare
TSIS TSHUA TSEEM CEEB	Minor
TSIS TSHUAJ SIAV	Rare
TSIS TU	Careless
TSIS TUAJ	Absent
TSIS TXAIS	Reject
TSIS TXAUS SIAB	Complaint; upset
TSIS TXAWJ XAV	Impolite

TSIS UA NTXIV LAWM	Renounce
TSIS XAM LUAG TEJ	Selfish
TSIS XIS NYOB	Sick
TSIS YOG	Wrong
TSIS ZOO	Ugly
TSIV	Move
TSO	Drop
TSO DAG	Joke
TSO KEV	Permit
TSO NYIAJ UA LAG-LUAM	Investment
TSO TAWM	Release
TSO ZIS	Urinate
TSOB NTOO	Plant, tree
TSOM IAV	Mirror
TSOM IAV QHOV MUAG	Glasses
TSOO	Beat, break, smash
TSOO KOM TAWG MOS MOS	Grind
TSOO UA KOM TAWG	Crash
TSOOM NEEG	Nation
TSOV	Tiger
TSOV ROG	War
TSUAV	Chop
TSUM SO	Recess
TSUM TSIS UA	Quit
TSWB CEEB TOOM HLUAV TAWS	Fire alarm
TSWV TSEV	Host
TSWV YIM	Idea
TU NTIV TES KOM ZOO NKAUJ	Manicure
TU SIAB	Sad, sorry
TUA	Kill
TUA KAB MOB	Disinfectant
TUA NEEG	Murder

TUA PHOM	Shoot
TUA TSIAJ QUS	Hunt
TUAG	Die, dead
TUAG DEJ	Drown
TUAJ	Present
TUAJ YEEM	Apply
TUAV	Hold
TUB	Son
TUB HUAB TAIS	Prince
TUB MAB TUB QHE	Labor
TUB NKEEG	Lazy
TUB ROG	Soldier
TUB SAB	Rob
TUB TES TUB TAW	Member
TUB TSHIAB	Stepson
TUB TXIB	Maid
TUB XEEB NTXWV	Nephew
TUG (kuv tug, koj tug)	Property
TUS (tiaj tus)	Flat
TUS CAI MEEJ TSWV	Democracy
TUS DEJ	River
TUS HAIS LOS UA HAUJLWM TAM	Representative
TUS HLAU QHIB LAM FWJ	Bottle opener
TUS HLAU THO KOS POOM	Can opener
TUS HLUB	Dear
TUS KAV HLAU TSHAU QHOV	Corkscrew
TUS KAV NROOG	Mayor
TUS KHO POJ NIAM THIAB MENYUAM	Obstetrician
TUS MUAM NROG NIAM NROG TXIV	Half sister
TUS NEEG SAB LAJ	Counselor
TUS NROG SIB NTAUS/SIB TW	Opponent
TUS PAB	Assistant
TUS PAS NTSUAS (maib mev)	Ruler
TUS PAUB KEV NYIAJ TXIAG	Economist
TUS PAUB TXOG NEEG/TSIAJ/DEJ/ NTOO	Scientist
TUS PAUB TXOG SIAB NEEG	Psychologist
TUS SAIB XYUAS HAUJLWM	Boss
TUS SAIB XYUAS HAUJLWM	Manager
TUS SAIB XYUAS NEEG UA HAUJLWM	Supervisor
TUS THAWJ HAUV TSEV TEEV NTUJ	Minister
TUS THAWJ NTHE LAJ KAM	Commander
TUS TIG NTSIA HLAU	Screwdriver
TUS TSWV	Owner
TUS TWG LOS TAU	Anybody
TUS TXIAV TXIM PLAUB NTUG	Judge
TUS TXIV	Husband
TUV	Flea
TWV TSIS TAU	Fail
TWV TXIAJ	Gamble
TXAIS (tau)	Get
TXAIS (txais lus)	Accept
TXAIS (txais nyiaj)	Borrow
TXAIS NYIAJ	Loan
TXAIS UA HAUJLWM	Hire
TXAJ	Bed
TXAJ MUAG	Shy
TXAUG	Chisel
TXAUS	Enough
TXAUS NKAUS	Exact
TXAUS NTSHAI	Terrible

TXAUS SIAB	Pleased, proud; satisfy
TXAV	Move
TXAWB	Throw
TXAWM LICAS LOS	However
TXAWM TIAS	Although
TXAWV	Different, strange
TXAWV TEB CHAWS	Foreign
TXEE DAI KHAUB NCAWS	Closet
TXEE RAU KHOB THIAB PHAJ	Buffet
TXEE RAU KHOOM	Dresser
TXEE RAU NTAUB	Linen closet
TXEE RAU NTAWV	Bookcase
TXEE TXIAS	Refrigerator
TXHAB ROJ NYEEM	Lubricate
TXHAIS HAIS TIAS	Mean
TXHAIS KO TAW	Foot
TXHAIS TES	Hand
TXHAJ TSHUAJ	Vaccinate
TXHAM	Sneeze
TXHAUM	Violent
TXHAWJ	Worry, anxious
TXHO	Gray
TXHO LIAB TSEB	Brown
TXHOS CAUG	Kneel
TXHUA HNUB	Every day
TXHUA LUB	Each
TXHUA LUB CAIJ	Always
TXHUA TXHUA	Every
TXHUAM	Brush
TXHUB	Fill
TXHUJ NPLEJ	Wheat
TXHUV	Rice
TXIAS	Cool
TXIAV	Cut
TXIAV TXIM SIAB	Decide
TXIJ LI THAUM	Since
TXIV	Father
TXIV DUAJ	Peach
TXIV EV PAUM	Apple
TXIV KAB NTXWV	Orange
TXIV KAB NTXWV ME	Tangerine
TXIV KAB NTXWV QAUB	Grapefruit
TXIV LAUM HUAB XEEB	Peanut
TXIV LWS LIAB	Tomato
TXIV LWS NTEV	Eggplant
TXIV MOJ COOS	Pear
TXIV MOJ MAB	Plum, prune
TXIV NEEB	Healer, shaman
TXIV NEEJ	Male, man, gentleman
TXIV NEEJ NQA ZAUB MOV	Waiter
TXIV NTOO	Fruit
TXIV NTSEEJ	Nut
TXIV PUV LUJ	Pineapple
TXIV QAUB (moj nos)	Lemon
TXIV QAUB NTSUAB	Lime
TXIV QUAV NTSWG NYOOS	Grape
TXIV QUAV NTSWG QHUAV	Raisin
TXIV TSAWB	Banana
TXOG	Reach
TXOG LI SIAB XAV CIA	Achieve
TXOJ CAI	Reason
TXOJ CAI KAV HAUJLWM TEB CHAWS	Constitution
TXOJ HLAB NTSHA	Vein
TXOJ HLAU TXUAS HLUAV TAWS XOB	Fuse

TXOJ HLUA	String
TXOJ HLUA HLAU	Wire
TXOJ HLUA NTAUB VAS CAJ DAB	Tie
TXOJ HLUA TES	Bracelet
TXOJ HLUA TXUAS NTXIV	Extension cord
TXOJ KAB	Line
TXOJ KAB KE IB TUG NEEG UA	Behavior
TXOJ KAB KEV	Lane
TXOJ KEV	Route, road, street, way
TXOJ KEV KHIAV CEEV	Expressway
TXOJ KEV LOJ	Boulevard
TXOJ KEV TSHAB PLAWS	Thruway
TXOM NYEM	Poor
TXOM NYEM TSHAIB NQHIS	Suffer
TXUAG	Save
TXUAM NROG HAIS/NROG UA	Interfere
TXUJ LOM	Spices
TXWG	Pair

U

UA	Act, make
UA DAUS NO	Flu
UA HAIS NROG	Deal
UA HAUJLWM	Operate, work
UA KE	Together
UA KEV CAI (ua neeb)	Ceremony
UA KOM CHIM HEEV	Incense
UA KOM DAV NTXIV	Develop, expand
UA KOM KHOV	Freeze
UA KOM MOB	Harm
UA KOM MUAJ SIAB	Excite
UA KOM MUS TSIS TAUS	Block
UA KOM NTSHAI	Scare
UA KOM PAUB	Introduce
UA KOM POM	Prove
UA KOM PUAS	Destroy, harm, ruin
UA KOM TAWG MOS MOS	Smash
UA KOM TXAUS SIAB	Satisfy
UA KOM YUAM KEV	Trick
UA KOM ZOO SIAB	Cheerful
UA LUAM DEJ	Swim
UA NEEB	Heal
UA NOJ	Cook
UA NPAWS	Malaria, fever
UA NTEJ	Before; lead
UA NTEV	Permanent
UA PA	Breath
UA PA NYUAB	Suffocate
UA PAUJ	Revenge
UA PHEM	Commit
UA POB QOOB	Chicken pox
UA PUAS	Damage
UA QOOB LOO	Produce
UA RAWS	Copy
UA RAWS QAB	Imitate
UA RAWS SIAB	Humor
UA SI	Play
UA TAU	Able, can
UA TSAUG	Thank

V

VAB	Tray
VAJ UA SI	Park
VAJTSE	Home
VAUV	Son-in-law
VIB THAB NYUB	Radio

X

XA	Send
XA MUS	Transfer
XA NROG TUAJ	Enclose
XA NTAWV	Mail
XA RAU	Refer
XAIV	Choose, select
XAIV TSA	Elect
XAU (dej xau)	Leak
XAUV	Lock
XAV	Feel, think
XAV KOM	Expect
XAV TAU	Want
XAV UA	Eager
XAWS	Sew
XEEB MENYUAM	Pregnant
XEEB NTXWV	Grandchildren
XEEM	Clan
XEEV TEB	State
XIAV	Blue
XIB FWB	Professor
XIB FWB PHIA NTAWV HAUV TSEV	Tutor
XIB FWB QHIA NTAWV	Teacher
XOB TUA	Lightning
XOV (leg xov)	Thread
XOV NTXIV QHOV MOB	Stitch
XOV TOOJ	Telephone
XOV XWM	News
XUAS TES UA	Handmade
XUM NPUM	Soap
XUM NPUM DA DEJ	Bath soap
XWB PWG	Shoulder
XWM UB NO	Matter
XWS LI	As
XWS LI QUB	Regular, usual
XWS LI QUB (tha mab das)	Normal
XYA HLI NTUJ	July
XYA HNUB	Week
XYAB	Incense
XYAUM UA	Practice
XYEEJ	Refuse
XYOO	Year
XYUAM XIM	Beware
XYUAS	Visit

Y

YA	Fly
YAJ	Lamb
YAM	Item, type, sort
YAM NTUJ TSIM LOS	Nature
YAM POM THAUM UA TAS	Result
YAM POV TSEG	Garbage
YAM YUAV TAU PAUB	Note
YAM YUAV TSUM KOM TAU	Necessary
YAWG	Grandfather
YAWG HNUB QUB RAU	General
YAWM SIJ	Key
YAWM TXIV	Father-in-law
YEEB	Opium
YEEB NCUAB	Enemy
YEEB NKAB	Pipe
YEEB YAM	Movie
YEEJ	Gain, win
YEEJ YUAV UA TSIS TAU	Impossible
YIM HLI NTUJ	August
YOG _______ TUG	Belong to
YOG TIAG	Real

YOOJ QAIB	Mosquito
YOOJ YIM	Easy, simple
YUAM	Force
YUAM KEV	Mistake; wrong
YUAV LUAG	Almost
YUAV MUAJ XWM (as tab lais)	Danger
YUAV TSUM (yuav tsum mus)	Must
YUAV TSUM TAU	Need
YUG	Feed
YUG UA NTEJ TXOG CAIJ	Premature birth
YUS TUA YUS	Suicide
YWJ PHEEJ	Unify

Z

ZAJ LUS	Lesson
ZAJ LUS HAIS	Speech
ZAJ LUS HAIS TXOG NEEG/TSIAJ/ DEJ/NTOO	Science
ZAJ LUS SAU CIA	Text
ZAM TXIM	Forgive
ZAUB	Vegetable
ZAUB HAU	Soup
ZAUB MOV	Food
ZAUB NTSUAB	Mustard greens
ZAUB NTUG HAUV PAUS	Carrot
ZAUB NTUG HAUV PAUS KHEEJ	Radish
ZAUB NTUG HAUV PAUS LIAB	Beet
ZAUB PAJ	Cauliflower
ZAUB QHWV	Cabbage
ZAUB QHWV QWS	Asparagus
ZAUB QHWV SUAV	Chinese cabbage
ZAUB TXHWB	Chinese parsley
ZAUB XAS LAV	Lettuce
ZAUM	Sit
ZAUM KHOOJ YWB	Squat
ZE	Near, close
ZIB MU	Honey
ZIS	Urine
ZOM	Chew
ZOO	Fine, good, nice, great

USEFUL WORDLIST

ENGLISH-HMONG

A

English	Hmong
ABDOMEN	Plab mog
ABLE	Ua tau
ABORTION	Rho menyuam tawm
ABOUT	Li ntawm
ABOVE	Saum toj
ABSENT	Tsis tuaj
ACCEPT	Txais
ACCIDENT	Muaj xwm (sib tsoo)
ACCOUNT	Naj npawb cia/ txais nyiaj
ACCOUNTANT	Neeg khaws ntaub ntawv nyiaj txiag
ACHIEVE	Txog li siab xav cia
ACQUAINT	Nrhiav kev sib paub, ntaus kev phooj ywg
ACROSS	Hla
ACT, MAKE	Ua, nqis tes ua
ACTION	Kev nqis tes ua
ADAPT	Kho kom raws
ADD, PLUS	Ntxiv rau
ADDRESS	Chaw nyob
ADJUST	Kho kom haum
ADULT	Neeg laus
ADVANTAGE	Hom tau tsam
ADVERTIZE	Tshaj xo
ADVICE	Lus ntuas
ADVISE, RECOMMEND	Qhuab qhia
AFRAID	Ntshai
AFTER	Tom qab
AFTERNOON	Caij tav su
AGAIN	Ntxiv, dua
AGE	Hnub nyoog
AGENCY	Chaw ua haujlwm, tsev kab xwm
AGREE	Pom zoo
AHEAD	Tom hau ntej
AID	Pab
AIR	Cua, pa
AIR-CONDITIONING	Cua txias
AIR FORCE	Pawg tub rog nruab ntug
AIR LETTER	Tsab ntawv xa nruab ntug
AIRLINE	Hom dav hlau
AIRPORT	Tshav dav hlau
AISLE	Kem
ALCOHOL	Cawv ntsim
ALIEN	Neeg txawv teb chaws
ALL	Tas nrho
ALLOW	Pub ua
ALMOST	Yuav luag
ALONE	Tsis muaj tus nrog nyob
ALOUD	Nrov (hais lus nrov)
ALSO	Ib yam
ALTERATION	Kev hloov
ALTHOUGH	Txawm tias
ALWAYS	Txhua lub caij
AMBULANCE	Tsheb thauj neeg mob
AMERICAN	Neeg Asmeslivkas

AMOUNT	Ib co
AMUSEMENT	Kev lom zem
ANCESTOR	Pog koob yawg koob
AND	Thiab
ANGRY	Chim (siab phem)
ANIMAL	Tsiaj-txhu
ANKLE	Pob taws
ANOTHER	Ib _______ ntxiv
ANSWER	Teb lus
ANTENNA	Kav hlau txais xov
ANXIOUS	Txhawj
ANYBODY	Tus twg los tau
ANYWHERE	Qhov twg los tau
APARTMENT	Tsev kem
APOLOGIZE	Thov zam txim
APPEAR	Pom tawm
APPETITE	Qab lo
APPLAUD	Npuaj teg
APPLE	Txiv ev paum
APPLY	Ua raws, tuaj yeem
APPOINTMENT	Kev teem caij sib ntsib
APPRECIATE	Nco txiaj ntsis
APPROVE	Pom zoo
APRIL	Plaub hlis ntuj
ARCHITECT	Kws ke kev ua vajtse
AREA	Thaj tsam, cheeb tsam
ARM	Caj npab
ARMCHAIR	Rooj zaum tiag tes
ARMY	Pawg tub rog
AROUND	Ncig
ARREST	Ntes, kaw
ARRIVAL	Kev los txog
ARRIVE	Los txog
ARTHRITIS	Kev mob raws pob txha
AS	Xws li
ASK	Thov, nug
ASLEEP	Tsaug zog
ASPARAGUS	Zaub qhwv qws
ASPIRIN	Tshuaj dias taub hau
ASSIGNMENT	Kev txib haujlwm
ASSIST	Pab
ASSISTANT	Tus pab
ASTHMA	Mob ua pa tsis nto
ATHLETIC FIELD	Tiaj xyaum tes taw
ATTACK	Kev sib tua; sib tua
ATTEND	Mus nkag nrog
ATTENTION	Kev xyuam xim
ATTIC	Saum nthab
ATTORNEY	Neeg hais plaub ntug
AUGUST	Yim hli ntuj
AUNT	Niam ntxawm
AUTOMATIC	Tsis siv neeg (taus mas tiv)
AUTO MECHANIC	Kws kho tsheb
AUTOMOBILE	Tsheb
AUTUMN	Caij nplooj ntoos zeeg
AVERAGE	Ib nrab
AWAKE	Muaj laj lim plab plaw
AWARE	Paub txog
AWAY	Deb

B

BABYSITTER	Neeg zov menyuam
BACK	Tom qab; nruab qaum
BACK YARD	Tiaj nraum qaum tsev
BAD	Phem

BAG	Hnab
BAGGAGE	Hnab nqa taug kev
BAIT	Kab nuv ntses
BAKER	Neeg ua mov ci
BALL	Npoj pob
BAMBOO SHOOT	Ntsuag xyoob
BANANA	Txiv tsawb
BANDAGE	Ntaub qhwv tes taw
BANK	Tsev cia nyiaj
BARBER	Kws txiav plaub hau
BARGAIN	Hais nqi
BARTENDER	Neeg txhab dej caw
BASE	Qhov chaw pib, theem pib
BASEMENT	Theem hauv qab
BASKET	Pob tawb
BATH SOAP	Xum npum da dej
BATH TOWEL	Phuam so cev
BATHROBE	Tsho hnav npog cev
BATHROOM	Chav da dej
BEAN SPROUT	Taum pauv
BEAT	Ntaus, tsoo
BEAUTIFUL	Zoo nkauj
BEAUTY	Kev zoo nkauj
BECOME	Hloov ua
BED	Txaj
BEDROOM	Chav pw
BEDSPREAD	Ntaub pua chaw
BEEF	Nqaij nyug
BEET	Zaub ntug hauv paus liab
BEFORE	Ua ntej, thaum ub
BEGIN	Pib
BEHAVIOR	Txoj kab ke ib tug neeg ua
BEHIND	Tom qab
BELIEVE	Ntseeg
BELONG TO	Yog ______ tug
BELOW	Nram qab
BELT	Siv tawv
BELTWAY	Kev ncig zos
BENEFIT	Cov tsam
BERMUDA SHORTS	Ris ceg luv
BEST	Zoo tshaj plaws
BETTER	Zoo zog
BETWEEN	Hauv nruab nrab
BEWARE	Xyuam xim
BICYCLE	Tsheb tuam (nees zab)
BILINGUAL	Paub hais ob hom lus
BIRD	Noog
BIRTH	Kev yug menyuam
BITE	Tom
BITTER	Daw ntsev
BITTER LEMON	Dib txaig
BLACK	Dub
BLACK PEPPER	Fwj txob
BLACKSMITH	Kws ntaus hlau
BLANK	Dawb paug
BLANKET	Pam vov
BLEED	Ntshav tawm, ntshav los
BLIND	Dig muag
BLOCK	Kaw; ua kom mus tsis taus
BLOOD	Ntshav
BLOUSE	Tsho hnav tuaj sab nraud
BLOW	Tshuab pa
BLUE	Xiav
BOAT	Nkoj
BODY	Cev tawv nqaij
BOLT	Ntsia liaj qhov rooj

BONE	Pob txha
BOOK	Phau ntawv nyeem
BOOKBAG	Hnab rau ntawv
BOOKBINDER	Kws xaws ntawv
BOOKCASE	Txee rau ntawv
BOOKKEEPER	Neeg khaws ntawv
BOOKSTORE	Tsev muag ntawv nyeem
BOOTS	Nkawm khau looj plab hlaub
BORROW	Qiv, txais
BOSS	Tus saib xyuas haujlwm
BOTH	Ob leeg
BOTTLE	Lam fwj
BOTTLE OPENER	Tus hlau qhib lam fwj
BOTTOM	Qhov hauv qab
BOULEVARD	Txoj kev loj
BOW TIE	Lub ________ rhais ntawm txoj ntaub vas caj dab
BOWL	Lub tais
BOX	Pob, thawv
BOX SPRING	Daim pam pua hauv qab
BRACELET	Txoj hlua tes
BRAIN	Paj hlwb
BRAVE	Siab tawv
BREAK	Lov, tawg, tsoo, so
BREAKFAST	Pluas tshais
BREATH	Ua pa
BRIDGE	Choj
BRIEF	Luv luv
BRIGHT	Ci (hnub ci), ntse
BRING	Nqa
BROKEN	Tawg
BROOM	Khaub rhuab
BROWN	Txho liab tseb
BRUSH	Txhuam
BUCKET	Thoob
BUFFET	Txee rau khob thiab phaj
BUILDING	Tsev loj
BULLET	Mos txwv
BURN	Kub hnyiab
BURY	Los, faus
BUS	Tsheb ntiav loj
BUS DRIVER	Neeg tsav tsheb ntiav loj
BUS STATION	Chaw nres tsheb ntiav loj
BUS STOP	Chaw tos tsheb ntiav loj
BUSINESS	Kev ua lag luam
BUSY	Tsis khoom
BUT	Tiamsis
BUTCHER	Neeg tua tsiaj
BUTTON	Menyuam khawm
BUY	Muas

C

CAB, TAXI	Tsheb tav xis
CAB DRIVER	Neeg tsav tsheb tav xis
CABBAGE	Zaub qhwv
CAFETERIA	Chaw muag kav fes
CAGE	Nkuaj, tawb
CALL	Hu
CALM	Ntsiag to, mluas, nyob twj ywm
CAMERA	Lub yees duab
CAN	Kos poos; ua tau
CAN OPENER	Tus hlau tho kos poom
CANTALOUPE	Dib txaig
CAP	Kos mom caws pliaj
CAPABLE	Muaj tswv yim ua tau

CAPITAL	Lub hauv paus xeev teb
CAPTURE	Kev ntes
CAR, AUTOMOBILE	Tsheb
CARD	Daim menyuam ntawv txhav; phaib
CARDIOLOGIST	Kws kho plawv
CARE	Kev saib xyuas (tu)
CAREFUL	Ceev faj
CARELESS	Tsis saib xyuas, tsis tu
CARPENTER	Kws ua vajtse
CARPET	Ntaub pua tsev
CARROT	Zaub ntug hauv paus
CARRY	Nqa
CASE	Hnab
CASH	Nyiaj
CASHIER	Neeg khaws nyiaj
CAT	Miv
CATTLE	Cov nyujtwm
CAULIFLOWER	Zaub paj
CAUSE	Ua kom, paus ntsis
CELEBRATE	Noj tsiab
CENT	Ib npib tooj (ib xee)
CENTER	Hauv plawv
CENTURY	Tiam neej
CEREMONY	Ua kev cai (ua neeb)
CHAIN	Sawv hlau
CHAIR	Rooj zaum
CHALK	Cwj mem av dawb
CHANCE	Sij hawm, hmoo
CHANGE	Hloov, nyiaj ntxiv
CHAPTER	Nqe
CHARGE	Raug lus tsis zoo, raug nplua
CHASE	Raws
CHAUFFEUR	Neeg tsav tsheb
CHEAP	Pheej yig
CHEAT	Tsis ncaj
CHECK	Tshawb xyuas
CHEERFUL	Ua kom zoo siab
CHEMICAL	Tshuaj khe mi
CHEST	Hauv siab
CHEW	Zom
CHICKEN	Qaib
CHICKEN POX	Ua pob qoob
CHILD	Menyuam (ib tug)
CHILDREN	Menyuam (ntau tus)
CHIN	Puab tsaig
CHINATOWN	Zos Suav
CHINESE CABBAGE	Zaub qhwv Suav
CHINESE PARSLEY	Zaub txhwb
CHISEL	Txaug
CHOOSE	Xaiv
CHOP	Tsuav
CHOPSTICKS	Rab rawg tais
CHURCH	Tsev teev ntuj
CINNAMON	Txuj lom
CIRCLE	Ncig vaj voog
CITIZEN	Neeg
CITIZENSHIP	Haiv neeg
CITRONELLA	Tauj dub
CITY	Zos
CITY HALL	Tsev kab xwm kav zos
CIVILIAN	Neeg pej xeem
CLAN	Xeem
CLASSMATE	Phooj ywg kawm ntawv ua ke
CLASSROOM	Chav kawm ntawv
CLEAN	Huv, du, cheb

CLEAR	Ntshiab
CLERK	Neeg muag khoom
CLERK TYPIST	Neeg ntaus ntawv
CLIMB	Nce ntoo
CLINIC	Chaw kho mob
CLOCK	Lub teev dai/txawb
CLOSE	Kaw
CLOSET	Txee dai khaub ncaws
CLOTH	Ris tsho
CLOTHING	Khaub ncaws
CLOUD	Huab
COAL	Thee
COAST	Ntug dej hiav txwv
COAT	Tsho loj
CODFISH	Ntses pas thu
COFFEE	Kav fes
COFFEE TABLE	Rooj kav fes
COFFEEPOT	Lauj kaub kav fes
COIN	Nyiaj npib
COLD	No
COLLEGE	Tsev kawm ntawv theem siab
COLLISION	Kev sib tsoo, kev sib nraus
COLOR	Kob
COMB	Zuag ntsis plaub hau
COMBUSTIBLE	Hom kub hnyiab tau zoo
COME	Los (los tsev)
COME BACK	Rov qab los
COMMANDER	Tus thawj nthe laj kam
COMMIT	Ua phem
COMMITTEE	Rooj saib xyuas
COMMON	Zoo sib xws, hom niaj hnub ua
COMMUNICATION	Kev sib nug moo
COMPANY	Tsev ua khoom ub no
COMPARE	Sib piv
COMPETE	Sib tw
COMPLAINT	Tsis txaus siab
COMPLETE	Puv nkaus, rau ntxiv
COMPLICATE	Nyuab sib chab sib chaws
CONCERT	Kev hais kwv txhiaj
CONDUCTOR	Neeg xyuas pib
CONFLICT	Kev tsis sib haum xeeb
CONFIDENTIAL	Tsis pub tus twg paub
CONGRATULATIONS	Kev zoo siab nrog
CONGRESS	Rooj tseem fwv kav teb chaws
CONSENT	Pom zoo
CONSTITUTION	Txoj cai kav haujlwm teb chaws
CONTINUE	Ntxiv mus
CONTRACT	Daim ntawv sib cog lus
CONTROL	Kev saib xyuas
CONVERT	Hloov ua lwm yam
COOK	Neeg ua noj, ua noj
COOL	Txias
COOPERATE	Nrog ua
COPY	Ntsia sau, ua raws
CORKSCREW	Tus kav hlau tshau qhov
CORN	Pob kws
CORNSTARCH	Hmoov pob kws
CORNER	Ces kaum
CORRECT	Kho kom raug
CORRESPOND	Sib raug, sib haum
CORRUPTION	Kev noj nyiaj txiag

COST	Raug nqi
COTTON	Rwb
COUGH	Hnoos
COUNSELOR	Tus neeg sab laj
COUNT	Suav (1-2-3)
COUNTRY	Teb chaws
COURSE	Nqe kawm
COURT	Tsev hais plaub ntug; kab kev
COUSIN	Npawg
COVER	Qhwv, npog, daim npog
COW	Nyuj
CRAB	Roob ris
CRASH	Tsoo ua kom tawg
CREATE	Kwv yees ua
CREEK	Menyuam dej
CRIME	Kev sib ntaus/ sib tua
CRITICISM	Kev thuam
CROSS	Hla, dhau
CROSSWALK	Kab hla kev
CROWD	Neeg nyob coob ua ke
CRUEL	Siab phem, siab txia ntshav
CRUSH	Poob tawg
CUCUMBER	Dib
CUFF LINKS	Cov menyuam khawm ntsia tes tsho
CUP	Khob
CURRICULUM	Hom qhia hauv tsev kawm ntawv
CURTAIN	Ntaub npog qhov rai
CURVE	Nkhaus
CUT	Txiav

D

DAILY	Niaj hnub
DAM	Pas dej
DAMAGE	Kev puas, ua puas
DANCE	Co cev raws suab kwv txhiaj
DANGER	Yuav muaj xwm (as tab lais)
DARK	Tsaus ntuj
DATE	Hnub tim
DAUGHTER	Ntxhais
DAY	Hnub
DEAD	Tuag
DEAF	Lag ntseg
DEAL	Ua hais nrog
DEAR	Tus hlub
DECEMBER	Kaum ob hlis ntuj
DECIDE	Txiav txim siab
DECLARE	Tshaj xo tawm
DECREASE	Tsawg zus
DEEP	Tob
DEER	Mos lwj
DEFEAT	Swb
DEFEND	Thaiv
DEGREE	Kev ntsuas sov/no; nqe
DELAY	Ua kom qeeb
DELETE	Tshem tawm
DELICATESSEN	Tsev noj mov raws qauv
DELICIOUS	Qab
DELIVERY MAN	Neeg xa khoom
DEMAND	Kev thov txog, kev xav tau
DEMOCRACY	Tus cai meej tswv
DENTIST	Kws kho hniav
DENY	Tsis kam txais
DEPARTMENT	Rooj tsav xwm saib xyuas
DEPARTMENT STORE	Tsev loj muag khoom siv

DEPARTURE	Kev tawm mus taug kev	DISCUSS	Sib tham
DEPEND	Nyob ntawm, nce rau ntawm	DISEASE	Kab mob
DEPOSIT	Nyiaj tso ua ntej	DISHES	Phaj tais diav
DESCRIPTION	Kev piav qhia txog	DISHONEST	Kev dag, siab nkhaus
DESERT	Tiaj tshav puam	DISHTOWEL	Ntaub so tais diav
DESPERATE	Tsis tau raws siab nyiam	DISINFECTANT	Tua kab mob
DESSERT	Khoom qab zib	DISLIKE	Tsis nyiam
DESTROY	Nruav, ua kom puas	DISTANCE	Ntus kev
DETAIL	Kev qhia tas nrho	DISTRICT	Ciam teb kav
DETERGENT	Tshuaj ntxuav tsev	DIVE	Dhia dej
DEVELOP	Ua kom dav ntxiv, ntxuav duab	DIVIDE	Faib
DIALECT	Hom lus hais	DOCTOR	Kws tshuaj
DIAPER	Ntaub ceev zis	DOCUMENT	Ntaub ntawv
DIARRHEA	Mob zawv plab	DOG	Dev
DICTIONARY	Phau ntawv txhais lus	DOLL	Menyuam roj hmab
DIE	Tuag	DOLLAR	Dauslas
DIETICIAN	Neeg ua zaub mov hauv tsev kho mob	DONATION	Kev pub
DIFFERENT	Txawv	DOOR	Qhov rooj
DIFFICULT	Nyuab	DOUBLE	Ob tom
DIG	Khawb	DOWN	Hauv qab
DIME	Npib kaum xee	DOWNSTAIRS	Theem hauv qab
DINING CAR	Tsheb noj mov	DOWNTOWN	Lub plawv zos
DINING ROOM	Chaw noj mov	DOZEN	Muaj kaum ob
DINING TABLE	Rooj noj mov	DRAFTSMAN	Kws yees tshuab
DINNER	Pluas hmo	DRAWER	Daim rub tawm
DIRECTOR	Thawj tsev kab xwm	DREAM	Npau suav
DIRECTORY	Phau ntawv muaj npe tej chaw ub no	DRESS	Ris tsho hnav ua zam
DIRTY	Lo phem	DRESS FORM	Qauv ris tsho
DISABLE	Lov tes taw	DRESSER	Txee rau khoom
DISCOUNT	Kev luv nqi, luv nqi	DRESSMAKER	Kws xaws ris tsho
DISCOVER	Nrhiav pom	DRILL	Tshau qhov
DISCRIMINATE	Saib tsis taus	DRILL BIT	Kav hlau tshau qhov
		DRINK	Haus
		DRIVE	Tsav

DRIVE-IN MOVIE	Chaw zaum hauv tsheb ntsia yeeb yam
DRIVER	Neeg tsav tsheb
DROP	Tee; tso
DROWN	Tuag dej
DRUG, MEDICINE	Tshuaj
DRUGGIST	Kws tov tshuaj
DRUGSTORE	Tsev muag tshuaj
DRY	Qhuav
DRY-CLEANING	Kev ntxhua qhuav
DRYER	Tshuab ziab khaub ncaws
DUCK	Os
DULL	Tsis hnov lus, tsis cus
DUMB	Ruam
DUPLICATION	Kev ua dua
DURING	Thaum
DUST	Plua tshauv
<u>E</u>	
EACH	Txhua lub, ib yam, ib tug, ib hom
EAGER	Xav ua
EAR	Pob ntseg
EARLY	Ntxov
EARN	Tau nyiaj
EARRING	Qhws ntsej
EARTH	Ntiaj teb
EAST	Sab hnub tuaj
EASY	Yooj yim
EAT	Noj
ECONOMIST	Tus paub kev nyiaj txiag
ECONOMY	Kev nrhiav nyiaj txiag
EDGE	Ntsis ntse
EDUCATE	Kawm ntawv
EGG	Lub qe
EGGPLANT	Txiv lws ntev
ELECT	Xaiv tsa
ELECTRICIAN	Kws kho hlauv taws xob
ELECTRICITY	Hluav taws xob
ELEMENTARY SCHOOL	Tsev kawm ntawv theem pib
ELEPHANT	Ntxhw
ELIGIBILITY	Kev muaj cai txais
ELIGIBLE	Muaj cai txais
ELK	Mos lwj hom loj
ELOPE	Khiav raws lwm tus mus
EMERGENCY	Ceev heev
EMBROIDERY	Paj ntaub
EMOTION	Kev puas siab puas ntsws
EMPLOYMENT	Kev ua haujlwm
EMPTY	Qhuav, tas du lug
ENCLOSE	Xa nrog tuaj
END	Tas; ntug
ENDORSE	Sau yuas
ENEMY	Yeeb ncuab
ENERGY	Lub zog
ENGINE	Tshuab tsheb
ENGINEER	Kws ua kev/ua choj
ENGLISH	Askiv
ENOUGH	Txaus
ENROLL	Sau npe
ENTRANCE	Qhov rooj nkag
EQUAL	Sib npaug
EQUIPMENT	Khoom siv (lauj kaub, tais diav)
ERASER	Lub so tawm
ERROR	Qhov yuam kev
ESCAPE	Khiav tawm
ESTIMATE	Kwv yees xam
EVALUATION	Kev ntsuas

EVENING	Caij tsaus ntuj
EVENT	Caij muaj xwm, caij muaj lus
EVERY	Txhua txhua
EVERY DAY	Txhua hnub, niaj hnub
EXACT	Haum nkaus, txaus nkaus
EXAMPLE	Piv txwv
EXCHANGE	Sib hloov
EXCEED	Dhau, tshaj
EXCITE	Ua kom muaj siab
EXCLUDE	Tsis muaj nrog
EXCUSE	Thov txim
EXIT	Qhov rooj tawm
EXPAND	Ua kom dav ntxiv
EXPECT	Xav kom
EXPENSIVE	Kim
EXPERIENCE	Hom tau ua dhau los
EXPLODE	Tawg
EXPLORE	Nrhiav, tshawb
EXPRESS	Ceev, maj
EXPRESSWAY	Txoj kev khiav ceev
EXTENSION CORD	Txoj hlua txuas ntxiv
EXTERIOR	Sab nraum zoov
EXTRA	Ntxiv
EXTREME	Tas zog
EYE	Qhov muag

F

FABRIC	Ntaub
FACE	Ntsej muag
FACT	Lo lus ntsuas cia
FACTORY	Tsev ua khoom ub no
FAIL	Poob, twv tsis tau
FAIR	Tsev khw teem caij
FALL	Ntog, poob; caij nplooj ntoos zeeg
FAMILY	Tsev neeg
FAMOUS	Muaj koob npe
FAR	Deb
FARE	Nqi caij tsheb
FARM	Liaj teb
FARMER	Neeg ua liaj teb
FAST	Ceev
FAT	Rog
FATHER	Txiv
FATHER-IN-LAW	Yawm txiv
FAUCET	Kav hlau qhib dej
FEAR, AFRAID	Ntshai
FEATHER	Plaub noog
FEBRUARY	Ob hlis ntuj
FEED	Yug, pub
FEEL	Xav
FEELING	Kev xav
FENCE	Laj kab
FEMALE	Poj niam
FEVER	Ua daus no
FIELD	Tiaj, tshav
FIGHT	Sib ntaus sib tua
FIGURE	Daim duab
FILL	Ntxiv rau kom puv, txhub
FILM	Duab ua zog
FINAL	Kawg nkaus
FIND	Nrhiav
FINE	Noj qab nyob zoo, zoo
FINGER	Ntiv tes
FINISH	Tas, tiav
FIRE	Hluav taws
FIRE ALARM	Tswb ceeb toom hluav taws

FIRE ESCAPE	Kev khiav tawm thaum tsev kub hnyiab
FIRE EXIT	Qhov rooj khiav hluav taws
FIREPLACE	Qhov cub nte
FIRM	Ruaj
FISH	Ntses
FIT	Haum
FIVE AND TEN STORE	Npe tsev muag khoom
FIX	Kho
FLAG	Chij
FLASHLIGHT	Teeb nyem
FLAT	Tus (tiaj tus)
FLEA	Tuv
FLEE	Khiav tawm
FLIGHT	Fij dav hlau ya
FLOAT	Ntab saum dej
FLOOD	Dej nyab
FLOOR	Npoo tsev
FLOUR	Hmoov nplej
FLOWER	Paj ntoos
FLU	Ua daus no
FLUID, LIQUID	Hom ua kua
FLUTE	Raj
FLY	Ya
FOG	Huab
FOLLOW	Raws qab
FOOD	Zaub mov
FOOL	Ruam (tsis ntse)
FOOT	Txhais ko taw
FORCE	Lub zog, yuam
FOREIGN	Txawv teb chaws
FOREMAN	Thawj saib xyuas neeg ua haujlwm
FORK	Rab rawg
FORGET	Tsis nco
FORGIVE	Zam txim
FORM, JOIN	Sib sau
FORM, SHAPE	Lub cev
FORTUNATE	Zoo siab
FORWARD	Tom ntej
FOUR	Plaub
FRANK	Hais tiag
FREE	Dawb (tau dawb)
FREEZE	Ua kom khov, haujlwm tsis khiav
FRESH	Tshiab (nqaij tshiab)
FRIDAY	Hnub tsib
FRIEND	Phooj ywg
FRONT	Pem hauv ntej
FRUIT	Txiv ntoo
FRY	Kib
FUEL	Roj ejxas
FULL	Puv
FUN	Kev lom zem
FUNERAL	Kev pam tuag
FUNNY	Lom zem
FURNISH	Muaj rooj tog txaj chaws nrog
FURNITURE	Rooj tog txaj chaws
FURTHER	Ntxiv
FUSE	Txoj hlau txuas hluav taws xob
FUTURE	Lub neej yav tom ntej

G

GAIN	Tau; yeej
GALLON	Plhauj taub nkas loos (3.78 lam fwv)
GAMBLE	Twv txiaj
GAME	Hom sib tw
GARAGE	Chaw rau tsheb

GARBAGE	Qub zaub qub mov, yam pov tseg
GARDEN	Vaj
GARLIC	Qij
GAS	Roj zeb ntsuam
GAS STATION	Chaw muag roj tsheb
GASOLINE	Roj av
GATE	Rooj vag
GENERAL	Tas ub no, yawg hnub qub rau
GENEROUS	Siab dawb
GENTLE	Muag nteev
GENTLEMAN	Txiv neej
GESTURE	Kev piav tes taw
GET	Txais
GET UP	Sawv (tsim sawv)
GIFT	Khoom pub cia saib dab muag
GINGER	Qhiav
GIRL	Ntxhais
GIVE	Muab rau
GLAD	Zoo siab
GLASS	Khob iav
GLASSES	Tsom iav qhov muag
GLOVE	Hnab looj tes
GLUE	Kua nplaum
GLUTINOUS RICE	Mov nplaum
GO	Mus
GOAL	Luag haujlwm
GOD	Huab tais ntuj
GOLD	Thooj kub
GOOD, NICE	Zoo
GOODWILL	Muaj pluaj siab zoo
GOODWILL INDUSTRIES STORE	Tsev muag khoom qub
GOOSE	Os caj dab ntev
GOURD	Plhauj taub
GOVERN	Kav teb chaws
GOVERNMENT	Tseem fwv
GRACIOUS	Siab dawb; paub cai; ntxim nyiam
GRADE	Nqe
GRADUATE	Kawm tiav
GRAIN	Ntsiav, noob
GRANDCHILDREN	Xeeb ntxwv
GRANDDAUGHTER	Ntxhais xeeb ntxwv
GRANDFATHER	Yawg
GRANDMOTHER	Niam pog
GRANDPARENTS	Pog yawg
GRANDSON	Tub xeeb ntxwv
GRAPE	Txiv quav ntswg nyoos
GRAPEFRUIT	Txiv kab ntxwv qaub
GRASS	Nyom
GRAVE	Qhov ntxa
GRAY	Txho
GREAT	Loj; zoo; tseem ceeb heev
GREEN	Ntsuab
GREEN ONION	Dos ntsuab
GREEN PEPPER	Kua txob ntsuab
GREET	Nuv los tuav tes nug kev nyob zoo
GRIND	Tsoo kom tawg mos mos
GROCERY STORE	Tsev muag zaub mov
GROUND	Av, chaw pib
GROUP	Pab, pawg
GROW	Hlob (menyuam hlob)
GROWTH	Kev hlob
GUARD	Neeq zov qhov rooj
GUESS	Kwv yees
GUEST	Qhua

GUIDE	Coj kev	HEALER	Txiv neeb
GUILTY	Muaj txim txhaum	HEALTH	Kev noj qab nyob huv
GUN	Rab phom	HEALTHY	Tsis muaj mob
GYMNASIUM	Chav xyaum tes taw	HEAR	Hnov
GYNECOLOGIST	Neeg kho poj niam cov kab mob	HEART	Lub plawv
		HEAT	Cua kub
H		HEAVY	Hnyav
HAIR	Plaub hau	HELICOPTER	Dav hlau kiv tshuab
HAIRDRESSER	Kws caws plaub hau		
HALF	Ib nrab	HELP	Pab
HALF BROTHER	Kwv tij nrog niam nrog txiv	HERBAL MEDICINE	Tshuaj nroj
HALF SISTER	Muam nrog niam nrog txiv	HERITAGE	Cuab yeej cuab tam
HALL	Chav loj	HIDE	Nkaum, nraim
HAM	Nqaij ncej qab	HIGH, TALL	Siab
HAMMER	Rab rauj	HIGH JUMP	Dhia siab
HAND	Txhais tes	HIGH SCHOOL	Tsev kawm ntawv theem nrab
HANDMADE	Xuas tes ua	HIGHLANDER	Neeg toj siab
HANDSOME	Zoo nraug	HIGHWAY	Kev loj
HANDKERCHIEF	Phuam so ntswg	HILL	Toj roob
HANG	Khuam, dai	HIRE	Txais ua haujlwm
HAPPEN	Muaj xwm	HISTORY	Lub neej dhau los
HAPPY	Zoo siab	HIT	Ntaus
HARD	Tawv, nyuab	HOLD	Tuav
HARM	Ua kom mob/puas	HOLE	Qhov (lub qhov)
HARDWARE STORE	Tsev muag khoom ua tsev	HOLIDAY	Hnub so haujlwm
HAT	Kos mom	HOME	Vajtse, chaw nyob
HATE	Ntxub	HOMESICK	Nco teb chaws
HAVE	Muaj	HOMEWORK	Haujlwm xib fwb muab los ua tom tsev
HEAD	Taub hau		
HEADACHE	Mob taub hau	HONEST	Ncaj (siab ncaj), tsis dag
HEADPHONE	Lub mloog pob ntseg	HONEY	Zib mu
HEADQUARTERS	Qhov chaw tuav haujlwm tseem ceeb	HONEYDEW MELON	Dib pag qab zib
		HOOK	Nqe lauj
HEAL	Ua neeb	HOPE	Thov hawm

HORSE	Nees
HOSPITAL	Tsev kho mob
HOST	Tswv tsev
HOT	Kub (dej kub)
HOTEL	Tsev ntiav pw (hom loj)
HOUR	Teev sijhawm
HOUSE	Tsev kheej
HOUSECOAT	Tsho hnav nyob hauv tsev
HOUSEHOLD	Tsev neeg
HOUSEKEEPER	Neeg tu vajtse
HOUSEWIFE	Niam tsev
HOUSEWORK	Haujlwm hauv tsev
HOW	Licas
HOWEVER	Txawm licas los
HUGE	Loj dav
HUMAN	Tib neeg
HUMANITARIAN	Muaj siab hlub neeg txom nyem
HUMOR	Ua raws siab
HUNGER	Kev tshaib nqhis
HUNGRY	Tshaib plab
HUNT	Raws tsiaj, tua tsiaj qus
HURRY	Maj
HURT	Mob
HUSBAND	Tus txiv

I

ICE	Dej khov
ICE CREAM	Mis nyuj khov
IDEA	Tswv yim
IDENTIFICATION	Kev ua kom paub pom
IDIOT	Neeg paj hlwb qeeb
IGNORE	Tsis muab siab rau
ILLEGAL	Tsis raug raws cai
ILLEGIBLE	Tsis pom zoo (nyeem tsis tau)
ILLITERATE	Tsis paub ntawv
ILLNESS	Kev mob nkees
IMITATE	Ua raws qab
IMMEDIATE	Tamsim ntawd
IMMIGRANT	Neeg thoj nam
IMMOBILE	Tsis tshais chaw
IMPATIENT	Siab luv (tsis thev)
IMPERFECT	Tsis raug zoo
IMPOLITE	Tsis txawj xav, tsis paub cai
IMPORTANT	Tseem ceeb
IMPOSSIBLE	Yeej yuav ua tsis tau
IMPROVE	Kho kom zoo
INAPPROPRIATE	Tsis raug raws
INCAPABLE	Tsis muaj tswv yim ua tau
INCENSE	Xyab; ua kom chim heev
INCH	Ib nti
INCLUDE	Ntxuag, nrog
INDEPENDENCE	Nce rau ntawm yus
INDUSTRY	Tsev ua khoom ub no
INFORMATION	Kev qhia ub no
INJURE	Raug mob
INK	Kua cwj mem
INSECT	Kab, yoov
INSPECT	Tshawb xyuas
INSTRUCTION	Lus qhia txog
INSURANCE	Nqi them kev txhawj xeeb
INTELLIGENT, SMART	Ntse (neeg ntse)
INTEREST	Nyiaj tsam ntxiv
INTERFERE	Txuam nrog hais, nrog ua
INTERNATIONAL	Thoob ntiaj teb
INTERPRETER	Neeg txhais lus

INTRODUCE	Ua kom paub
INVENT	Ntaus tswv yim ua yam tshiab
INVESTIGATE	Nug xyuas
INVESTMENT	Tso nyiaj ua lag-luam
INVITE	Caw
IRON	Luam ris tsho
ISLAND	Thooj av hawv plawv dej
ITEM, TYPE, SORT	Hom, yam

J

JACKET	Tsho tawv tiv no
JAIL	Tsev kaw neeg raug txim
JANITOR	Neeg tu vajtse
JANUARY	Ib hlis ntuj
JAR	Fub
JAW	Puab tsaig
JEANS	Ris ntaub txhav
JEWELRY	Nyiaj-kub
JOB	Haujlwm
JOIN	Sib txuas
JOKE	Tso dag
JUDGE	Tus txiav txim plaub ntug
JUICE	Kua txiv ntoo
JULY	Xya hli ntuj
JUMP	Dhia
JUNE	Rau hli ntuj
JUNGLE	Hav zoov
JUSTICE	Kev ncaj ncees

K

KEEP	Khaws cia
KETTLE	Lauj kaub rhaub dej
KEY	Yawm sij
KICK	Ncaws
KIDNAP	Nyiag menyuam
KIDNEY	Raum
KILL	Tua
KIND	Hom; siab dawb
KINDERGARTEN	Tsev kawm ntawv rau cov luv 6 xyoo
KISS	Hnia
KITCHEN	Tsev mov
KITTEN	Menyuam miv
KNEE	Hauv caug
KNEEL	Kem caug, txhos caug
KNIFE	Rab riam
KNOW	Paub
KNOWLEDGE	Paub txog

L

LABEL	Daim lo nqi
LABOR	Tub mab tub qhe
LABORATORY	Chaw sim tov tshuaj
LADY	Poj niam
LAKE	Pa dej teev
LAMB	Yaj
LAMP	Teeb txawb
LAND	Thooj av
LANE	Txoj kab kev
LANGUAGE	Lus hais
LARGE	Dav
LAST	Tom qab, kawg
LATE	Qeeb
LATHE	Tshuab dhos
LAUGH	Luag
LAUNDER	Ntxhua khaub ncaws
LAUNDROMAT	Tsev tso npib ntxhua khaub ncaws
LAUNDRY	Kev ntxhua khaub ncaws

LAUNDRYMAN	Neeg ntxhua khaub ncaws
LAW	Kev cai lij choj
LAWN MOWER	Tshuab txiav nyom
LAWYER	Neeg hais plaub ntug
LAZY	Tub nkeeg
LEAD	Ua ntej, coj ua
LEAF	Nplooj ntoos
LEAK	Xau (dej xau)
LEAN	Ib (ib ntawm phab ntsa)
LEARN	Kawm
LEASE	Ntiav nyob
LEAVE	Tawm mus
LEEK	Ib hom zaub zoo li dos
LEFT	Sab laug
LEG	Sab ceg
LEGAL	Raug raws cai
LEMON	Txiv qaub (moj nos)
LEND	Cia qiv/txais
LENGTH	Sab ntev, qhov
LESS	Tsawg dua
LESSON	Zaj lus
LET	Cia
LETTER	Tsab ntawv
LETTUCE	Zaub xas lav
LEVEL	Theem, qib
LIAISON PERSON	Neeg xa xov
LIBERTY	Kev ywj siab
LIBRARY	Tsev khaws ntawv
LIE	Dag, kev dag
LIFE	Lub neej
LIGHT	Sib; taws teeb, teb ci
LIGHTNING	Xob tua
LIKE	Nyiam; zoo li
LIMA BEAN	Kaus taum
LIME	Txiv qaub ntsuab
LINE	Txoj kab
LINEN	Ntaub
LINEN CLOSET	Txee rau ntaub
LIQUID	Hom ua kua
LIQUOR	Cawv ntsim
LIST	Daim ntawv sau npe
LISTEN	Mloog
LITTLE	Me
LIVE	Nyob, ua neej
LIVING ROOM	Chav txais qhua
LOAN	Txais nyiaj
LOBSTER	Cws hom loj
LOCATE	Nyob
LOCK	Xauv
LOCKER ROOM	Chav rau khoom
LOCKSMITH	Kws ua ntsuas phoo
LONELY	Kho siab tsis muaj tus nrog nyob
LONG	Ntev
LOOK	Ntsia
LOOSE	Plam, tsis ruaj
LOSE	Ploj, poob
LOSS	Ploj lawm, poob lawm
LOT	Ntau
LOUD	Nrov (suab nrov)
LOVE	Hlub
LOW	Qis
LUBRICATE	Txhab roj nyeem
LUCK	Koob hmoo
LUNCH	Pluas su

M

MAID	Tub txib
MAIL	Xa ntawv

MAINTAIN	Khaws cia
MAKE	Ua
MALE	Txiv neej
MALARIA	Ua npaws
MAN	Txiv neej
MANAGER	Tus saib xyuas haujlwm
MANICURE	Tu ntiv tes kom zoo nkauj
MANY	Ntau, coob
MAP	Daim ntawv qhia kev, roob hav
MARCH	Peb hlis ntuj
MARK	Cim (cim tsev)
MARKET	Tsev khw
MARRY	Sib yuav
MASS	Pawg
MASSAGE	Lus hais tseg cia
MATH	Kev xam phaj
MATTER	Xwm ub no
MATTRESS	Pam pua saum toj
MAY	Tsib hlis ntuj
MAYOR	Tus kav nroog
MEAL	Pluas mov
MEAN	Txhais hais tias
MEASURE	Kev ntsuas
MEAT	Nqaij
MECHANIC	Kws kho tsheb
MEDICINE	Tshuaj
MEET	Ntsib
MEETING	Kev sib ntsib
MELT	Ploj (tsis pom), lwj
MEMBER	Tub tes tub taw
MEMORY	Kev nco txog
MENTION	Hais txog, hais tawm
MERGE	Sib tshuam ua ke
MESSENGER	Neeg xa xov
METAL	Hlau
METHOD	Hom kab ke
MICE	Nas tsuag ntaus tus
MIDDLE	Hauv nruab nrab
MIDNIGHT	Thaum ib tag hmo
MIGRATION	Kev tsis teb tsaws chaw
MILE	Mais (1.61 kis laus mev)
MILK	Mis nyuj
MILLION	Lab
MIND	Hlwb, lus xav
MINER	Cov neeg khawb qhov nyiaj/kub
MINERAL	Qhov nyiaj/kub/hlau
MINIMUM	Tsawg kawg nkaus
MINISTER	Tseem fwv; tus thawj hauv tsev teev ntuj
MINOR	Me; tsis tshua tseem ceeb
MINUTE	Feeb
MIRROR	Tsom iav
MISS	Leej muam (tsis tau muaj txiv); nco
MISTAKE	Yuam kev
MISUNDERSTAND	Tsis nkag siab
MIX	Sib tov, sib txuam, sib xyaws
MODEL	Qauv
MODERN	Hom tshiab
MOMENT	Lub caij
MONDAY	Hnub ib
MONEY	Nyiaj
MONEY ORDER	Daim ntawv nyiaj
MONK	Haujsam
MONTH	Hli ntuj

MOON	Hli
MOP	Pab neeg
MORE	Ntau dua
MORNING	Caij sawv ntxov
MOSQUITO	Yooj qaib
MOST	Tshaj plaws
MOTEL	Tsev ntiav pw (hom me)
MOTHER	Niam
MOTHER-IN-LAW	Niam tais
MOTORCYCLE	Tsheb maus taus
MOUNTAIN, HILL	Roob
MOUTH	Qhov ncauj
MOVE	Tshais, txav, tsiv
MOVIE	Yeeb yam
MOVIE THEATER	Tsev ntsia yeeb yam
MUCH	Ntau
MURDER	Tua neeg
MUSCLE	Thooj nqaij leeg
MUSHROOM	Nceb
MUSIC	Suab kwv txhiaj
MUST	Yuav tsum (yuav tsum mus)
MUSTACHE	Plaub fwj txwv
MUSTARD GREENS	Zaub ntsuab

N

NAIL	Ntsia thawv
NAME	Npe
NAPKIN	Ntawv so qhov ncauj
NARROW	Ti, nqaim
NATION	Tsoom neeg
NATIONALITY	Haiv neeg
NATURE	Yam ntuj tsim los
NEAR, CLOSE	Ze
NECESSARY	Yam yuav tsum kom tau, muaj
NECK	Caj dab
NECKLACE	Sawv caj dab
NEED	Yuav tsum tau
NEEDLE	Rab koob
NEIGHBOR	Neeg zej zos
NEPHEW	Tub xeeb ntxwv
NEW	Tshiab
NEWS	Xov xwm
NEXT	Tom ntej, ntawm ib sab
NICE	Zoo, zoo kauj
NICKEL	Npib tsib xee
NICKNAME	Npe menyuam yaus
NIECE	Ntxhais xeeb ntxwv
NIGHT	Hmo ntuj
NOBODY	Tsis muaj tus twg
NOISE	Suab nrov
NOON	Caij tav su
NORMAL	Xws li qub (tha mab das)
NORTH	Phab quam teb
NOSE	Qhov ntswg
NOTE	Yam yuav tau paub
NOTEBOOK	Phau ntawv sau
NOTICE	Lus ceeb toom, ceeb toom
NOVEMBER	Kaum ib hlis ntuj
NOW	Tamsim no
NUMBER	Naj npawb
NURSE	Neeg xyuas neeg mob
NURSERY	Tsev kawm ntawv rau cov menyuam luv 5 xyoos
NUT	Txiv ntseej

O

OBEY	Mloog tus hlob
OBJECT	Khoom; tsis pom zoo nrog

OBSTETRICIAN	Tus kho poj niam thiab menyuam
OCCASION	Sijhawm
OCCUPATION	Hom haujlwm
OCCUPIED	Tseem tsis tau khoom
OCEAN	Dej hiav txwv
OCTOBER	Kaum hli ntuj
ODOR, SMELL	Ntxhiab
ODD	Khib (1-3-5)
OFFER	Kev muab rau, muab pub
OFFICE	Tsev kab xwm
OFFICIAL	Raug raws ntaub ntawv
OIL	Roj
OINTMENT	Tshuaj hom pleev
OLD	Laus, qub
ONE-WAY TICKET	Daim pib mus
ONION	Dos
ONLY	Nkaus xwb
OPEN	Qhib
OPERATE	Ua haujlwm
OPERATOR	Neeg khiav tshuab
OPHTHALMOLOGIST	Kws kho qhov muag
OPIUM	Yeeb
OPPONENT	Tus nrog sib ntaus/sib tw
OPPOSE	Tsis pom zoo nrog
OPPOSITE	Lus rov
OPTICIAN	Kws txiav tsom qhov muag
ORANGE	Txiv kab ntxwv
ORCHESTRA	Rooj ua kev lom zem
ORDER	Lus hais kom ua raws
ORGANIZE	Sib kho ua ib pab
ORIENTATION	Kev qhuab qhia
ORPHAN	Menyuam ntsuag
ORPHANAGE	Chaw tu menyuam ntsuag
OUNCE	Nyhav npaum li 28.35 kas las
OUTREACH	Tawm mus cuag
OUTSIDE	Sab nraum zoov
OVERSHOES	Nkawm khau sab nraud
OVERSIZE	Tsis haum
OVERTIME	Tshaj sijhawm
OVERWEIGHT	Rog dhau hwv lawm
OWE	Tshuav nqi
OWL	Plas
OWNER	Tus tswv

P

PACKAGE	Pob khoom
PAGE	Phab ntawv
PAGODA	Tsev haujsam
PAIN	Kev mob
PAINT	Kua kob, pleev kua kob
PAIR	Nkawg, txwg
PAJAMAS	Ris tsho hnav pw
PAMPHLET	Phau menyuam ntawv
PAN	Lauj kaub
PANTS, TROUSERS	Ris hnav
PANTSUIT	Ris tsho ua tej ce
PAPER	Daim ntawv
PARADE	Chaw xyaum mus kev
PARALYSIS	Tes taw tuag
PARASITE	Cab nyob hauv plab
PARDON	Thov txim
PARENT	Niam-txiv
PARK	Vaj ua si
PARKING	Chaw nres tsheb
PAROCHIAL SCHOOL	Tsev teev ntuj lub tsev kawm ntawv
PARROT	Leeb nkaub

PART	Ib co
PARTY	Sib sau ua kev lom zem
PASS	Dhau, hla, dua
PASSENGER	Neeg nrog caij
PASSPORT	Daim ntawv hla ciam teb
PATIENCE	Kev ntaus siab ntev
PATIENT	Siab ntev, neeg mob
PATIO	Chaw nyob nraum qaum tsev
PATTERN	Hom cia ntsia
PAY	Them (nyiaj)
PEACE	Kev tiaj tus, kev thaj yeeb
PEACH	Txiv duaj
PEANUT	Txiv laum huab xeeb
PEAR	Txiv moj coos
PEAS	Ib hom txiv laum huab xeeb
PEDESTRIAN	Neeg taug kev
PEDIATRICIAN	Neeg kho menyuam yaus
PEN	Cwj mem kua
PENCIL	Cwj mem qhuav
PENNY	Npib ib xee
PEOPLE	Pej xeem
PEPPER	Fwj txob, kua txob
PERCENT	Ntawm ib puas
PERFECT	Zoo kawg
PERIOD	Lub caij; tee dub dub; caij coj khaub ncaws
PERMANENT	Ua ntev, nyob ntev
PERMIT	Tso kev, pub ua
PERSON	Neeg
PERSPIRATION	Fws
PERSPIRE	Tawm fws
PHARMACIST	Kws tov tshuaj
PHONE	Xov tooj
PHOTOGRAPHER	Kws yees daub
PHRASE	Kab lus
PHYSICIAN	Neeg kho mob
PICTURE	Daim duab
PIECE	Thooj, daim
PIG	Npua
PILL	Tshuaj lub
PILLOW	Tog hauv ncoo
PILLOWCASE	Hnab hauv ncoo
PIMPLE	Pob kab ntxau
PIN	Koob ntsia
PINEAPPLE	Txiv puv luj
PINK	Liab dawb muag
PINT	Muaj 0.47 liv
PIRATE	Neeg phem ntawm ntug dej
PIPE	Yeeb nkab, kav khoob plawv
PLACE	Qhov chaw
PLAN	Luag haujlwm
PLANE	Dav hlau
PLANT	Tsob ntoo, cog
PLATE	Phaj
PLATFORM	Chaw tiaj nres tos tsheb
PLAY	Ua si
PLAYGROUND	Chaw ua si
PLEASANT	Lom zem
PLEASED	Txaus siab
PLUM	Txiv moj mab
PLUMBER	Kws kho kav dej
PLUS	Ntxiv rau
PNEUMONIA	Mob ntsws txham dej
POCKET	Hnab tshos
POINT	Taw tes
POISON	Tshuaj lom

POLICE OFFICER	Neeg ceev xwm	PRETEND	Piv xam
POLICE STATION	Tsev kav xwm	PRETTY	Zoo nkauj
POLICY	Ntsiab lus ua raws	PREVENTION	Kev xyuam xim ua ntej
POLITE	Paub cai	PRICE	Nqi
POLYGAMY	Kev yuav poj niam ntau	PRINCE	Tub huab tais
POOR	Txom nyem, pluag	PRINCIPAL	Thawj saib tsev kawm ntawv
POPCORN	Paj pob kws	PRINTER	Kws luam ntawv
POPULAR	Koob npe nto	PRISON	Tsev qhov taub
POPULATION	Pej xeem huab hwm	PRIVATE	Khoom ntiav, luag tug
PORCH	Qhov rooj loj	PRIZE	Rau nqi, ntaus nqi
PORK	Nqaij npuas	PROBLEM	Teeb meem
PORT	Chaw nres nkoj	PROCESS	Nqis tes ua
PORTER	Neeg nqa khoom	PRODUCE	Ua qoob loo
POSITION	Chaw	PRODUCT	Qoob loo
POSSIBLE	Ntxim yuav tau	PROFESSION	Hom haujlwm
POST	Ncej, rooj vag, chaw nyob	PROFESSOR	Xib fwb
POST OFFICE	Tsev xa ntawv	PROFIT	Tau tsam, hom tau los
POSTAGE	Nqi xa ntawv	PROGRAM	Rooj haujlwm
POTATO	Qos yaj ywm	PROGRESS	Zoo dua qub
POTS AND PANS	Lauj kaub	PROMISE	Cog lus, npav lus
POUND	Phos	PROPERTY	Tug (kuv tug, koj tug)
POWDER	Hmoov	PROPOSE	Hais tawm
POWER	Lub zog txoj cai	PROTECT	Thaiv
PRACTICE	Xyaum ua	PROTEST	Qw cem
PRAY	Thov	PROUD	Txaus siab
PRAYER	Lus thov txog/fiv yeem	PROVE	Ua kom pom
PREGNANT	Xeeb menyuam	PROVIDE	Muab pab, muab rau
PREMATURE BIRTH	Yug ua ntej txog caij	PRUNE	Txiv moj mab
PREPARATION	Kev npaj	PSYCHOLOGIST	Tus paub txog siab neeg
PRESCRIPTION	Daim ntawv muas tshuaj	P.T.A.	Koom haum niam-txiv thiab xib fwb
PRESENT	Tuaj, tamsim; khoom saib dab muag	PUBLIC	Tseem fwv tug
PRESIDENT	Thawj kav teb chaws		

PUBLIC SCHOOL	Tsev kawm ntawv dawb
PUBLISH	Luam ntawv
PUDDING	Paj npleg
PULL	Rub
PUMPKIN	Taub dag
PUNISH	Rau txim
PUPIL	Menyuam kawm ntawv
PURCHASE	Muas
PURE	Tseem tsis tau muaj tus kov
PURPLE	Paj yeeb ntsha
PURPOSE	Ntsiab lus hais cia
PURSE	Hnab poj niam
PURSUIT	Raws qab
PUSH	Thawb
PUT	Muab cia, muab tso

R

RABIES	Kab mob dev vwm
RACE	Haiv neeg; kev sib tw, sib tw
RADIO	Vib thab nyub
RADISH	Zaub ntug hauv paus kheej
RAILROAD	Kev tsheb ciav hlau
RAILROAD STATION	Chaw nres tsheb ciav hlau
RAIN	Los nag
RAINCOAT	Tsho tiv nag
RAINFALL	Dej nag
RAISE	Nce ntxiv
RAISIN	Txiv quav ntswg qhuav
RARE	Tsis tshua muaj; tsis tshuaj siav
RAZOR	Rab chais
REACH	Cuag, txog
REACT	Rov ua dua
READY	Tau lawm, tiav lawm
REAL	Yog tiag
REAL ESTATE	Lag luam vajtse av
REASON	Txoj cai
REASONABLE	Muaj cai
RECEIPT	Daim ntawv txais khoom
RECENT	Sai sai no (nyuam qhuav no)
RECESS	Tsum so, caij so
RECOGNIZE	Nco tau, paub tau
RECOMMEND	Qhia rau
RECORD	Daim phaj kwv txhiaj
RECOVER	Zoo mob
RECREATION, REST	So
RED	Liab
RED PEPPER	Kua txob liab
REDUCE	Tsawg zus
REFER	Xa rau, hais raws
REFRIGERATOR	Txee txias
REFUSE	Xyeej
REGISTER	Sau npe cia
REGISTERED MAIL	Tsab ntawv hom sau npe cia
REGISTRAR	Neeg sau npe kawm ntawv
REGISTRATION	Kev sau npe cia
REGULAR	Xws li qub
REHEARSE	Rov ua tso
REJECT	Tsis txais
REIMBURSE	Them cov nyiaj tshuaj nqi
REINFORCE	Rov ua kom muaj zog dua
RELAPSE	Rov mob dua
RELATION	Kev sib ze
RELATIVES	Kwv tij
RELAX	So

RELEASE	Tso tawm
RELIGION	Cai teev ntuj/ dab qhuas
REMEMBER	Nco tau
RENOUNCE	Tsis ua ntxiv lawm
RENT	Nqi ntiav tsev nyob; ntiav
REPLACE	Hloov, pauv
REPORT	Daim ntawv qhia cov haujlwm ua los
REPORT CARD	Daim ntawv qhia
REPRESENT	Tam (hais/ua tam)
REPRESENTATIVE	Tus hais los ua haujlwm tam
RESEMBLE	Zoo xws li
RESIDENT	Neeg nyob ntawm ib thaj chaw twg
RESIGN	Tawm haujlwm
RESPIRATION	Kev ua pa
RESPOND	Teb
RESPONSIBLE	Muaj cai saib xyuas
REST	Seem, so
RESTAURANT	Tsev noj mov (them nyiaj)
RESTROOM	Chav tawm rooj
RESULT	Yam pom thaum ua tas
RESUME	Daim ntawv qhia kev txawj
RETIRE	Tawm haujlwm vim txoj kev laus
RETREAT	Thim rov qab
RETURN	Rov qab
REVENGE	Ua pauj
REVERSE	Ntxeev
RHEUMATISM	Mob raws ntawm tej pob txha sib txuas
RIB	Tav
RICE	Txhuv
RIDE	Caij tsheb

RIDICULOUS	Ruam
RIGHT	Sab xis, raug yog
RING	Ntiv nplhaib; co (tswb)
RISE	Nce ntxiv, siab ntxiv
RISK	Npaj sia ua
RIVER	Tus dej
ROAD	Txoj kev
ROB	Nyiag, tub sab
ROCK, STONE	Pob zeb
ROLL	Kauj
ROOF	Ru tsev
ROOM	Chav, kem
ROOSTER	Lau qaib
ROUGH	Tsis du
ROUND	Kheej
ROUNDTRIP TICKET	Daim pib mus thiab los
ROUTE, ROAD	Txoj kev
RUBBER	Roj hmab
RUDE	Tsis paub cai
RUG	Ntaub pua taw rooj
RUIN	Ua kom puas, rhuav
RULER	Tus pas ntsuas (maib mev)
RUN	Khiav
RUSH HOUR	Sijhawm maj

S

SACRIFICE	Kev txi dab/ntuj
SAD	Tu siab
SAFETY	Kev xyuam xim
SAILOR	Neeg tsav nkoj
SALARY	Nyiaj hli
SALE	Kev muag khoom
SALIVA	Aub ncaug
SALT	Ntsev

SALVATION ARMY STORE	Tsev muag khoom qub
SAME	Zoo ib yam li
SAND	Suab puam
SANDALS	Nkawm khau khiab
SANDPAPER	Ntawv txhuam ntoo
SARDINE	Ntses xas dis
SASH	Hlab se
SATISFY	Txaus siab, ua kom txaus siab
SATURDAY	Hnub rau
SAUCE PAN	Lauj kaub
SAVE	Khaws cia, txuag, tseg
SAW	Rab kaw
SAY	Hais
SCARE	Ua kom ntshai
SCARF	Phuam kauv caj dab
SCHEDULE	Cais sijhawm
SCHOOL	Tsev kawm ntawv
SCIENCE	Zaj lus hais txog neeg/tsiaj/dej/ntoo
SCIENTIST	Tus paub txog neeg/tsiaj/dej/ntoo
SCORE	Sau hom luj tau
SCRATCH	Khawb (khawb pob)
SCREAM	Qw quaj
SCREW	Ntsia thawv ntswj
SCREWDRIVER	Tus tig ntsia hlau
SEA	Dej hiav txwv
SEAFOOD	Nqaij hauv dej hiav txwv
SEASON	Caij
SEARCH	Kev nrhiav/tshawb
SEAT	Chaw zaum
SECRET	Lus qhia tsis tau
SECTION	Hom, nqe
SEE	Pom
SEED	Noob, ntsia (ntsia pob kws)
SEEK	Nrhiav
SEEM	Khws li
SELECT	Xaiv
SELFISH	Tsis xam luag tej; qia dub
SELL	Muag
SEMESTER	Nqe kawm rau hli
SEND	Xa
SENTENCE	Lus txiav txim, kab lus
SEPARATE	Ncaim
SEPTEMBER	Cuaj hlis ntuj
SERIOUS	Tsis nyiam tso dag
SERVE	Pab
SESAME	Noob hnav
SETTLE	Tsim neej
SEVERAL	Ntau
SEW	Xaws
SHAKE	Co, tshee
SHALLOW	Ntiav (dej ntiav)
SHAMAN	Txiv neeb
SHAPE	Lub cev
SHARE	Sib faib
SHARP	Ntse (riam ntse)
SHAVE	Chais plaub
SHAWL	Daim ntaub npog xwb pwg
SHEET	Daim ntawv ntaub
SHERIFF	Thawj ceev xwm
SHINE	Ci (hnub ci)
SHIP	Nkoj
SHIRT	Tsho
SHIVER	No tshee
SHOCK	Kev poob siab, poob siab
SHOE STORE	Tsev muag khau

SHOES	Nkawm khau
SHOESTRING	Hlua khau
SHOOT	Tua phom
SHORT	Luv, qis
SHOULDER	Xwb pwg
SHOW	Kev ua yeeb yam
SHOWER	Da dej saum tus kav hlau
SHRIMP	Cws
SHUT	Kaw
SHY	Txaj muag
SICK	Tsis xis nyob, mob
SICKNESS	Kev mob kev nkees
SIGN	Cim, sau yuas
SILK	Ntaub xo
SILVER	Nyiaj (npib)
SILVERWARE	Nyiaj npib nyiaj choj
SIMPLE	Yooj yim, tsis nyuab
SINCE	Txij li thaum
SINCERE	Hais tiag
SING	Hais kwv txhiaj
SINK	Dab ntxuav muag, dab ntxuav tais diav
SIT	Zaum
SIZE	Hom loj me
SKIN	Cev nqaij
SKIRT	Tiab
SKY	Ntuj
SLEEP	Pw
SLEEVE	Tes tsho
SLIDE	Luam taw ntog
SLIP	Daim tiab hnav pw
SLOW	Qeeb
SMALL	Me, tsawg
SMART	Ntse
SMASH	Tsoo, ua kom tawg mos mos
SMELL	Ntxhiab, hnov ntxhiab
SMILE	Luag ntxhi
SMOOTH	Muag
SNAKE	Nab
SNEAKERS	Nkawm khau ntaub
SNEEZE	Txham
SNOW	Te
SOAP	Xum npum
SOCKS	Nkawm vuam txwj
SOFA	Rooj zaum ntev
SOIL	Av liaj/av teb
SOLDIER	Tub rog
SOLID	Tawv ruaj
SOME	Tej lub, tej hom, me ntsis
SON	Tub
SON-IN-LAW	Vauv
SONG	Kwv txhiaj
SORE	Mob
SORRY	Tu siab
SORT	Hom, yam
SOUND, VOICE	Suab
SOUP	Zaub hau
SOUR	Qaub
SOYBEAN	Taum pauv
SPACE	Kem seem
SPARE TIME	Sijhawm tsis ua dabtsi
SPEAK	Hais lus
SPECIAL	Luv nqi
SPECIALIST	Kws paub ib yam twg zoo
SPEECH	Zaj lus hais
SPEED	Kev ceev
SPELL	Hais ib tug ntawv zuj zus

SPEND	Siv (nyiaj, sijhawm)
SPICES	Txuj lom
SPIRIT	Plig
SPLIT	Tawg ua tej pab tej daim, phua
SPONSOR	Niam qhuav txiv qhuav
SPOON	Rab diav
SPORT	Kis las
SPRAIN	Qis pob txha
SPREAD	Tseb, dav ntxiv
SPRING	Caij nplooj ntoos hlav
SQUARE	Plaub fab sib luag
SQUAT	Zaum khooj ywb
STAMP	Daim nqi xa ntawv
STAR	Hnub qub
STARCH	Hmoov ntxhua khaub ncaws
START	Pib
STATE	Xeev teb; ceeb toom
STATEMENT	Lus ceeb toom
STAY	Nyob
STEAL, ROB	Nyiag
STEEL	Kab ntaus hlau
STEP	Ib ruam, ib theem
STEPDAUGHTER	Ntxhais tshiab
STEPSON	Tub tshiab
STERILIZATION	Kev ua kom tsis muaj menyuam
STITCH	Xov ntxiv qhov mob
STOMACH	Plab
STOMACHACHE	Mob plab
STONE	Pob zeb
STORE	Tsev muag khoom
STORY	Dab neeg
STRANGE	Txawv
STREET	Txoj kev
STRIKE	Kev ua kom tsis haum xeeb
STRING	Txoj hlua
STRING BEAN	Taum ntev
STRONG	Muaj zog
STUDY	Kawm
STUPID	Ruam tsis paub qab hau
SUBJECT	Ntsiab lus sau hais txog
SUCCEED	Tiav raws siab nyiam
SUDDEN	Tamsim ntawd
SUFFER	Txom nyem tshaib nqhis
SUFFOCATE	Ua pa nyuab
SUGAR	Piam thaj
SUICIDE	Yus tua yus
SUIT	Ris tsho loj
SUITCASE	Hnab tawv rau khaub ncaws
SUMMER	Caij sov
SUN	Lub hnub
SUNDAY	Hnub xya
SUPERMARKET	Tsev khw loj
SUPERVISOR	Tus saib xyuas neeg ua haujlwm
SUPPLY	Kev xa khoom
SUPPORT	Kev txhawb, pab
SURFACE	Sab saum npoo av
SURGEON	Kws phais neeg
SURNAME	Npe menyuam yaus
SURPRISE	Ceeb
SWALLOW	Nqos
SWEAT	Tawm fws
SWEATER	Tsho ntaub tiv no
SWEET	Qab zib
SWEET POTATO	Qos yaj ywm qab zib

SWIM	Ua luam dej
SYSTEM	Hom kab ke

T

TABLE	Rooj
TABLECLOTH	Ntaub pua rooj
TAIL	Ko tw
TAILOR	Kws txiav ris tsho
TAKE	Muab
TALK	Tham
TALL	Siab
TANGERINE	Txiv kab ntxwv me
TAPE	Daim kawlus (kas xev)
TAPE MEASURE	Khoom siv ntsuas
TASTE	Saj
TAX	Se (sau se)
TEACH	Qhia
TEACHER	Xib fwb qhia ntawv
TEAM	Ib pab
TEAPOT	Lauj kaub rau ces
TEASPOON	Rab diav kav fes
TELEGRAM	Tsab xov ntaus
TELEPHONE	Xov tooj
TELEVISION	Lub txais duab ua zog (thi vi)
TELL	Qhia
TEMPORARY	Tej lub caij, tsis ntev
TENANT	Neeg nyob tsev ntiav
TENDON	Leeg
TENNIS	Ntaus pob tes-niv
TERM	Ib ntus, lub caij
TERRIBLE	Heev tas zog, txaus ntshai
TEST	Kev sim
TEXT	Zaj lus sau cia
TEXTBOOK	Phau ntawv nyeem
THANK	Ua tsaug
THEATER	Tsev ua yeeb yam
THERE	Qhov tod
THICK	Nyeem (av nyeem)
THIGH	Ncej qab
THIN	Nyias
THING	Khoom
THINK	Xav
THIRSTY	Nqhis dej
THREAD	Xov (leg xov)
THRIFT SHOP	Tsev muag khoom pheej yig
THROAT	Qhov qa
THROW	Txawb, pov
THURSDAY	Hnub plaub
THRUWAY	Txoj kev tshab plaws
TICKET	Daim pib
TIE	Txoj hlua ntaub vas caj dab; khi
TIGER	Tsov
TIGHT	Ceev (tsho ceev)
TIME	Sijhawm
TIRED	Nkees
TOAST	Tsa khob haus foom koob hmoo
TODAY	Hnub no
TOE	Ntiv taw xoo
TOGETHER	Ua ke
TOMATO	Txiv lws liab
TOMORROW	Tag kis
TON	Hnyav ib toos
TONGUE	Nplaig
TOOLS	Riam-txuas, qws-rauj
TOOTH	Hniav (ib tug)
TOOTHACHE	Mob hniav
TOOTHPASTE	Tshuaj txhuam hniav

TOP	Saum ntsis kawg nkaus, siab kawg nkaus
TOUCH	Chwv
TOWEL	Phuam so cev
TOWN	Zos
TRADE	Hom kawm
TRADITION	Hom kev cai thaum ub
TRAIN	Tsheb ciav hlau
TRANSFER	Hloov mus, xa mus mus
TRANSLATOR	Neeg txhais lus
TRANSPORT	Kev thauj xa
TRAVEL	Taug kev
TRAY	Phaj nqa zaub mov, vab
TREATMENT	Kev kho mob
TREE	Tsob ntoo
TRICK	Ua kom yuam kev
TRIP, TRAVEL	Kev taug kev
TROUBLE	Kev nyuab siab
TROUT	Ntses dej tsuag
TRUCK	Tsheb thauj khoom
TRUE	Muaj tiag, ncaj
TRUNK	Qhov quav tsheb rau khoom
TRUST	Kev ntseeg
TRY	Sim
TUBERCULOSIS	Mob ntsws
TUESDAY	Hnub ob
TUITION	Nqi kawm ntawv
TUNAFISH	Ntses pas thus hom loj
TURKEY	Qaib cov txwv
TURN	Tig, lem, fij
TURNPIKE	Laj kab raws kev loj
TURPENTINE	Dej siv ntxuav kua kob
TUTOR	Xib fwb phia ntawv hauv tsev
TWICE	Ob zaug
TYPE	Hom; ntaus ntawv
TYPIST	Kws ntaus ntawv

U

UGLY	Phem, tsis zoo
ULCER	Mob rwj hauv plab qua
UMBRELLA	Kaus tiv tshav-nag
UNCLE	Yawg
UNCONSCIOUS	Tsis nco qab lawm (tuag ib tsig)
UNDER	Hauv qab
UNDERSTAND	Totaub, nkag siab
UNDERWEAR	Ris tsho sab hauv
UNEMPLOYMENT	Kev poob haujlwm
UNIFY	Ywj pheej
UNION	Kev sib sau ua pab-pawg
UNITE	Sib sau ua ke
UNITY	Kev sib sau
UNIVERSITY	Tsev kawm ntawv theem kawg
UPHOLSTERER	Neeg xaws rooj-tog
UPSET	Tsis txaus siab, chim
UPSTAIRS	Theem saum toj
URGE	Ntuas
URINATE	Tso zis
URINE	Zis
USE	Siv
USEFUL	Zoo siv
USUAL	Xws li qub

V

VACATION	Caij so haujlwm, caij so kawm ntawv
VACCINATE	Txhaj tshuaj
VACUUM CLEANER	Nqus tsev

VALUE	Nqi
VANILLA	Qab li vas ni las
VANITY TABLE	Rooj txawb teeb
VARY	Sib txawv
VEAL	Nqaij menyuam nyuj
VEGETABLE	Zaub
VEIN	Txoj hlab ntsha
VERTIGO	Kiv taub hau
VIEW	Ntsia pom
VILLAGE	Zos
VIOLENT	Txhaum
VIRUS	Kab mob
VISIT	Kev mus xyuas, xyuas
VITAMIN	Tshuaj muaj zog
VOICE	Suab
VOLUNTARY	Kev tuaj yeem pab dawb
VOMIT	Ntuav
VOTE	Pov ntawv

W

WAIST	Duav
WAIT	Tos
WAITER	Txiv neej nqa zaub mov
WAITING ROOM	Chav zaum tos
WAITRESS	Poj niam nqa zaub mov
WAKE UP	Tsim (tsim ntawm dab ntub los)
WALK	Mus taw
WALL	Phab ntsa
WALLET	Hnab tawv me (txiv neej li)
WANT	Xav tau
WAR	Tsov rog
WARM	Sov
WARN	Ceeb toom
WASH	Ntxuav, ntxhua
WASHING MACHINE	Tshuab ntxhua khaub ncaws
WASTE	Tsis muaj nqi
WATCH	Lub teev coj; ntsia; saib
WATCHMAKER	Kws kho teev
WATER	Dej
WATERMELON, MELON	Dib dej
WAVE	Tej vuag
WAY	Kev, txoj kev
WEAK	Tsis muaj zog, qaug zog
WEALTHY	Muaj nyiaj/nplua nwj
WEAPON	Riam phom
WEAR	Hnav
WEATHER	Huab cua
WEDNESDAY	Hnub peb
WEEK	Xya hnub
WEIGH	Luj kev hnyav
WELDER	Kws cam hlau
WELL	Qhov tshij
WEST	Phab hnub poob
WET	Ntub dej
WHEAT	Txhuj nplej
WHEEL	Lub log
WHITE	Dawb
WIDE	Dav
WIFE	Poj niam
WILD	Loj leeb
WIN	Yeej
WIND	Cua
WINDOW	Qhov rai
WINE	Cawv qab zib
WING	Tis (kooj tis)
WINTER	Caij no
WIRE	Txoj hlua hlau

WISE	Ntse
WISH	Thov hawm
WITH	Nrog
WITHDRAW	Thim rov qab, rho
WITHIN	Ntawm
WITHOUT	Tsis nrog, tsis ntxuag
WOMAN	Poj niam
WOOD	Ntoo
WOOL	Ntaub plaub tsiaj
WORD	Lo lus
WORK	Ua haujlwm
WORLD	Ntiaj teb
WORRY, ANXIOUS	Txhawj
WOUND	Raug mob
WRENCH	Ciaj ntswj
WRIST	Pob tes
WRITE	Sau
WRONG	Yuam kev, tsis yog, tsis raug

Y

YARD	Ib npab (0.91 mev)
YARDMAN	Neeg tu tiaj nyom
YEAR	Xyoo
YELLOW	Daj
YESTERDAY	Nag hmo
YOGURT	Kua mis nyeem qaub
YOUNG	Hluas, mos
YOUTH	Cov hluas

Z

ZOO	Lub vaj yug tsiaj